# EL DIVORCIO COMO MEDIDA HIGIÉNICA

EL DIVORCIO
COMO MEDIDA HIGIÉNICA
Primera edición: marzo 2019
Segunda edición ampliada: marzo 2026
Reservados todos los derechos:
Ediciones Torremozas.

© Herederos de Mercedes Pinto
© de la edición, introducción y notas: Fran Garcerá
© de esta edición: Ediciones Torremozas
ISBN: 978–84–7839–961-1
Depósito Legal: M–5936–2026

EDICIONES TORREMOZAS
ediciones@torremozas.com
www.torremozas.com

MERCEDES PINTO

# El DIVORCIO como medida higiénica

Edición, introducción y notas de Fran Garcerá

Documentos

FRAN GARCERÁ es doctor en Estudios Hispánicos por la Universi-
tat de València. Fue investigador predoctoral FPI del CCHS-CSIC en
Madrid entre 2015 y 2019, donde se especializó en las poetas españolas de la Edad de Plata (1901-1936). Ha publicado ediciones cientí-
ficas de las obras de Margarita Ferreras, Mercedes Pinto, María Ce-
garra Salcedo, Carmen Conde, Concha Espina, Josefina de la Torre,
Pilar de Valderrama o Amalia Domingo Soler, etcétera. Desde 2022,
trabaja en el Patronato Carmen Conde-Antonio Oliver.

# «¡Ayudarnos unas a otras es lo que debemos hacer!»: Mercedes Pinto, una escritora en el viento de la tempestad

## Fran Garcerá

Mercedes Pinto fue una mujer que aunó acción y pensamiento en un momento de gran avance, de reivindicación y de eclosión de los derechos de las mujeres, como fue la Edad de Plata en España durante el primer tercio del siglo XX. La personalidad y el marcado carácter de la escritora, poeta, dramaturga, oradora y periodista, nacida en San Cristóbal de la Laguna el 12 de octubre de 1883[1], comenzó a brotar desde sus primeros años, para convertirse desde su juventud en una mujer adelantada a su época, que cuestionó la normal moral establecida para las mujeres. Posteriormente, Mercedes Pinto dio cuenta en sus textos periodísticos de estas tensiones y de las constantes reprimendas que recibía, hasta el punto de referirse a ella dentro de su círculo familiar con el apelativo de «la anarquista» (Pinto, 2001: 460). Este no fue el único de los sobrenombres que se le atribuyeron puesto que, gracias a su vocación literaria tan temprana, el poeta Antonio Zerolo recitó uno de los poemas de la

---

1  Mercedes Pinto fue la hija primogénita del matrimonio formado por Ana María de Armas Clós (1862-1939) y Francisco José María de los Remedios Pinto de la Rosa (1854-1885), un relevante prosista tinerfeño que obtuvo la cátedra de Psicología, Lógica y Ética en el Instituto Provincial de Segunda Enseñanza de Canarias en 1883, por lo que perteneció a una de las familias acomodadas y de reconocido prestigio entre la intelectualidad de Tenerife.

joven escritora dedicado a su padre en el Ateneo de La Laguna, lo que le valió el título de «La Poetisa Canaria» y la fama en su lugar natal.

En los últimos días de enero de 1909, Mercedes Pinto contrajo matrimonio con Juan de Foronda, capitán de la Marina Mercante y catedrático de la Escuela Náutica de Canarias. Este hecho significó el final de una época para la escritora y el comienzo de unos años marcados por el sufrimiento, debido a los celos excesivos que Foronda mostró hacia su esposa, quien se vio sometida, durante los diez años de convivencia del matrimonio a episodios de maltrato físico y psicológico que sumieron a la autora en una violenta atmósfera conyugal. La paranoia celotípica diagnosticada a Juan de Foronda y su comportamiento violento se incrementaron todavía más con el nacimiento de sus tres hijos: Francisco, María de las Mercedes «*Pituka*» y Ana María. No obstante, ellos fueron el motivo por el que «La Poetisa Canaria» tomó la decisión de ingresar a su marido en un hospital psiquiátrico de Ciempozuelos en 1919, tras lo cual regresó a las islas (Llanera, 2003: 53). La familia de Foronda logró su liberación antes de que Pinto pudiera impedirlo en un nuevo viaje a Madrid junto a sus hijos. Finalmente, aunque la escritora logró que la justicia decretase el reingreso de Juan de Foronda, este había vuelto a Tenerife.

De este modo, comenzó el primer exilio de Mercedes Pinto entre 1921 y 1924, en el que desarrolló una nueva etapa tanto personal como profesional, gracias a importantes apoyos de intelectuales, como José Ortega y Gasset (Garcerá, 2017a: 16). Asimismo, colaboró en diarios y revistas como *Prensa Gráfica*, *La Acción*, *La Esfera*, *La*

*Moda, El Hogar* o *Lecturas* de Barcelona. También fue secretaria de la revista *Los Ciegos*. En 1922 nació el primer hijo fruto de su relación con el abogado Rubén Rojo y, al año siguiente, el 7 de mayo de 1923, recitó sus versos en el Ateneo de Madrid los cuales, posteriormente, vieron la luz en su primer libro de poemas, *Brisas del Teide* (1924). La experiencia matrimonial que padeció Mercedes Pinto cambió su percepción sobre la necesidad que las mujeres tenían de adquirir ciertos derechos que las salvaguardasen de los abusos y la violencia, puesto que con la legislación de aquellos años estaban expuestas sin ningún tipo de protección.

El acto público que cambió el devenir de Mercedes Pinto se propició gracias a la intervención de Carmen de Burgos, Colombine. Puesto que el delicado estado de salud de esta le impidió pronunciar la conferencia final que cerraba el ciclo sobre medidas higiénicas organizado por el doctor Navarro, delegó su responsabilidad en Mercedes Pinto. De este modo, el día 25 de noviembre de 1923, en la Universidad Central de Madrid y bajo la presidencia del príncipe Luis Fernando de Baviera, la poeta leyó su conferencia titulada «El divorcio como medida higiénica», un logro histórico en plena dictadura de Primo de Rivera (1923-1930). En esta propuso el divorcio como medio, por un lado, para que la mujer pudiera protegerse del cónyuge aquejado de locura y, por el otro, para que el derecho no perpetuara la enfermedad de este con una descendencia inevitable e impedir, así, la muerte violenta de la mujer. De esta forma, la escritora canaria comenzó su discurso exponiendo que:

Yo vengo hoy aquí sin pretensiones de ningún género; vengo como una mujer cristiana y sencilla que ha llorado y ha visto llorar, y recogiendo mi dolor y el dolor de las otras mujeres que se han cruzado conmigo en el camino de la vida, lo expongo a vuestra consideración y en especial a la consideración de los médicos, de los juristas y de todos los hombres de ciencia, para que traten de ponerle el remedio adecuado.

Así, Mercedes Pinto personificó ante todo el auditorio una historia que decenas de mujeres soportaban sin una ley de amparo. En su disertación, la escritora insistió en que por «lo general, pocas veces llega al público el verdadero aspecto de la horrible verdad». Pero en esa ocasión, la verdad, puesta en los propios labios de una víctima, fue escuchada de forma irremediable. La única solución, según la autora, bajo el amparo de los médicos, era la del divorcio, aunque este debía ser:

[...] un divorcio rápido, que basado en un certificado radical de doctores especializados evite el nacimiento de nuevos seres, o la muerte violenta de la esposa, que si bien nuestras leyes no han podido evitarla, no será después de ocurrida castigada tampoco, puesto que tardíamente y con solo objeto de salvar del castigo, se dirá y se demostrará muy a deshora que "era un irresponsable".

Sin embargo, Mercedes Pinto no se contentó únicamente con la proposición del divorcio, sino que alegó al final de su discurso, de manera sutil, por la restitución de la felicidad de la esposa; es decir, por el derecho a rehacer la vida sentimental de la mujer a través de un nuevo matrimonio. Esto resultaba todavía casi impensable según la norma moral de la época pero, bajo la perspectiva biográfica de la autora, era para ella igual de importante. Al terminar su intervención, Mercedes Pinto fue requerida por el infante Fernando de Baviera y citada a Palacio para entrevistarse con la esposa de este, la infanta Paz. La autora lo recordó así en uno de sus textos periodísticos:

> El gran salón, lleno de gente... Cientos, incontables estudiantes vestidos de fiesta y en estrecha unión... El calor del verano, ahogante... Y yo, vestida de negro, con un gran sombrero de encaje, pálida y emocionada, hablando el discurso aprendido de memoria, cuyas cuartillas temblaban en mi mano derecha... Nunca pensé escuchar aplausos tan delirantes... Cuando los pueblos están amordazados, un atrevido grito de libertad los despierta en estallido jubiloso. Al terminar de hablar, se me acercó un ujier diciéndome: "El príncipe la espera" y me llevó hasta el sillón donde se sentaba don Fernando de Baviera, de barba gris y facciones correctas, quien me hizo sentar en una sillita baja, a su lado. "¿Pero de dónde has salido tú, criatura, que te has atrevido a hablar así?". Su acento era fuertemente alemán. Yo puse mis labios cerca de su oído y murmuré: "Soy canaria". "¿Pero hay canarios rubios?", preguntó sorprendido. Y yo, riendo, siempre en voz muy baja: "Hay canarios de todos los colores". Continuamos hablando entre bromas y me pidió que fuera a conocer a su esposa [...] (Pinto, 2009: 30).

Mercedes no acudió a esa primera cita. Advertida por sus amistades del error que había cometido, consiguió una segunda audiencia con la esposa del príncipe y tía carnal del rey Alfonso XII, la infanta Paz. Esta le propuso un cargo como oradora para lograr la fundación en todo el país de las juntas de Acción Católica de la que era presidenta, lo cual rechazó amablemente la poeta. Tras despedirse de la infanta, Fernando de Baviera le advirtió del disgusto de esta con ella y que seguramente debería abandonar el país. Tres días después, la autora recibió una carta de Carmen de Burgos, que la había hecho pasar por secretaria de la asociación de Mujeres Iberoamericanas, para sustituirla en las jornadas sobre medidas higiénicas. En la misiva le refiere que debía acudir a Gobernación, donde fue recibida por el dictador Primo de Rivera. Según Pinto, este le preguntó:

> "¿Es usted la señorita que ha dado esta semana una conferencia sobre el divorcio, en la Universidad Central?". "Sí, señor", respondí casi serenamente. "Solo que soy señora y con hijos". "¿Y no sabe usted», continuó en voz más alta, "que España tiene un concordato con el Vaticano?". "No señor, no lo sabía". "¡España es católica!", gritó, "y no se puede consentir, porque otros seguirán hablando de cosas, cada vez más prohibidas...". Comprendí, con su silencio repentino, que no tenía nada más que decirme, y me despedí con un leve saludo, marchándome convencida de que aquella sería mi primera y última entrevista con el que era el dueño de los destinos ¡y de la voz de España...! (Pinto, 2009: 32).

Su grupo de amistades le aconsejó salir del país lo antes posible ante la amenaza que se cernía sobre ella y rubricaron una serie de cartas para importantes personalidades residentes en el país que acogería su futuro más próximo: Uruguay. Las misivas iban dirigidas a Juana de Ibarbourou y Juan Zorrilla de San Martín, además de para otros escritores, artistas, políticos de gran importancia, así como para el mismo Presidente del país de acogida. Antes de partir hacia Uruguay, Mercedes debió resolver el problema de su unión ilegítima con Rubén Rojo, pues todavía estaba casada con Juan de Foronda y las leyes marcaban que la mujer necesitaba la autorización expresa del marido para viajar fuera de su país. Así, la pareja rubricó su matrimonio en una localidad fronteriza francesa. Posteriormente, viajaron a Portugal, donde el primogénito de Mercedes Pinto, Francisco de Foronda, falleció antes de embarcar en Lisboa rumbo a la promesa de un lugar mejor, que Uruguay ofreció a la familia Pinto-Rojo.

Durante su periodo uruguayo, Mercedes Pinto no solo consiguió alcanzar la profesionalización de su escritura, sino también su legitimación como agente cultural, gracias a que la aceptación de la autora y su familia entre los escritores e intelectuales uruguayos fue prácticamente inmediata. De hecho, en un acto simbólico, Mercedes y Rubén dieron al país que los acogió en regalo a su último hijo, Gustavo Rojo, al que empadronaron como uruguayo y no como nacido en alta mar durante su trayecto a Uruguay.

Mercedes Pinto colaboró en los diarios y revistas *El Día*, *Vida Femenina* y *Mundo Uruguayo*, desde los que siguió preocupándose por la situación de las mujeres en España y propugnando la defensa de los derechos de estas en su nuevo país de residencia. En la última de estas publicaciones periodísticas a las que nos hemos referido, contó con una sección de entrevistas a mujeres relevantes llamada «Una hora en los jardines del Uruguay. La Flor de Hoy», al que luego se añadía el título de cada entrevistada.

Pinto lo consideró uno de sus logros más importantes hasta ese momento, debido a la proyección que le dio en el país. También por la difusión que garantizó a la actividad femenina uruguaya de escritoras, feministas, pedagogas, médicas, ingenieras o damas de la sociedad, en cuyo devenir vital Pinto encontró algún rasgo de importancia para sus lectores. De hecho, la escritora entendió esta sección como un deber solidario con el resto de mujeres y, en este sentido, afirmó que:

> ¡Ayudarnos unas a otras es lo que debemos hacer! Toda mujer que trate ¡fijaos bien!, que trate solamente aunque no llegara a conseguirlo, de sacudir las cadenas de la rutina de la incultura, y de la esclavitud moral en que la mayor parte de las mujeres viven, debe ser objeto de aliento, de ánimo y de alabanza (en Martínez, 2007: 362).

Asimismo, Pinto intervino en la instauración de la Asociación de Escritores Teatrales del Uruguay, aunque la gran labor cultural que realizó en Montevideo fue la creación de La Casa del Estudiante, que promovió una renovación en la vida intelectual y social de la capital uruguaya. En ella se dan cita gente perteneciente a todos los estratos sociales para asistir a «encuentros literarios, musicales o de difusión de ideas» (Martínez, 2007: 57). Fue un lugar influido por las corrientes que propugnaban una democratización de la cultura de las que Mercedes Pinto era una ferviente seguidora. Las veladas que se celebraban los sábados al atardecer desplegaban una gran actividad cultural, como era la visita de personalidades nacionales o extranjeras del mundo político y social: Rabindranath Tagore, Luigi Pirandello, Ramón Gómez de la Serna, Gregorio Martínez Sierra o Luis Jiménez de Asúa, entre otros. Mercedes Pinto contó, además, con el asesoramiento de las poetas Juana de Ibarbourou, Luisa Luisi o Alfonsina Storni. En torno a ellas, tejió una red femenina de apoyo y amistad y compartió su lucha por la igualdad de derechos de las mujeres. Precisamente, cuando llegó el momento de la partida de Pinto a otros países de Hispanoamérica, fue Juana de Ibarbourou quien redactó una carta de despedida que llegó a todos los periódicos:

> Se nos va, por los Caminos de América, la mejor amiga de la mujer uruguaya, amiga de sonrisa perenne, de hombro con hombro, de voz cordial y ejemplo heroico. Se nos va, con los ojos encandilados por la promesa de un triunfo que ella bien sabe que se merece como pocas. Porque esta mujer, gran corazón y gran talento, tan querida y respetada entre nosotros, nunca ha marchado sobre caminos de rosas. Conoce los duros guijarros, las sangrientas espinas, el frío, el insomnio, la sed. Pero con la cara mojada por las lágrimas, ha hecho el milagro de sonreír para alentar al que estaba más desesperado que ella. Y es así que se va, como se van las reinas buenas, dejando bendiciones tras de sí. Su talento es la mejor recomendación para todos lados; su bondad la más acertada tarjeta de presentación entre los que la irán conociendo. Cuando regrese —porque Mercedes es nuestra—, habrá trazado en todo el Continente un círculo de admiración y de amor,
>
> Juana de Ibarbourou (en Pinto, 2001: 261).

En último término, la autora fundó en Uruguay la Compañía de Arte Moderno Mercedes Pinto y dio comienzo a una gira por varios países de Hispanoamérica consagrada en su faceta como escritora y conferenciante. En este sentido, Pinto fue nombrada la primera mujer oradora del gobierno uruguayo y asesora pedagógica en las reformas educativas emprendidas en el país. Los años en Uruguay le habían dado no solo paz, sino el equilibro necesario para desarrollar todo su potencial intelectual. No obstante, el auge de su producción profesional se debe también a la estabilidad emocional que experimentó en su relación con Rubén Rojo. De esta forma, Mercedes Pinto no solo logró satisfacer sus necesidades personales y profesionales, sino que se encontró, literalmente, como el título del poema que cierra su *Canto de muchos puertos* (1931), en la «Cumbre». La composición, que parece escrita para ese momento pletórico, dice así: «Tengo un enorme orgullo de todas mis acciones / y venero los pasos que he dado en el camino. / [...] Hoy descanso adorando mi recuerdo en las horas... / A las gentes procuro enseñar lo que «es ser...» / No miro más paisajes que el mar de las estrellas» (Pinto, 2017: 113). En definitiva, este segundo exilio proporcionó a la escritora la ocasión de realizarse y reinventarse a sí misma.

A su llegada a Paraguay, fue la primera mujer en ocupar la tribuna de la Universidad de Asunción. En Argentina, su ciclo de conferencias en la Universidad de Tucumán, debido al entusiasmo estudiantil, obligó al Rector a permitir que la escritora repitiera de nuevo sus palabras, pero esta vez al público en general. En Bolivia, la convicción de sus ideas llamó favorablemente la atención de la prensa y, por tanto, de la opinión pública en general (en Pinto, 2009: 10-11). Cuando llegó a Chile, país donde residió entre 1932 y 1935, su presidente, Arturo

Alessandri, nombró a Mercedes Pinto Delegada Oficial del Departamento de Extensión Cultural y le conminó a impartir sus conferencias por escuelas, cuarteles militares, instituciones femeninas, en el Ministerio de Trabajo, así como en teatros y ateneos. También participó en las universidades de Concepción, Valparaíso y Santiago de Chile. En este país, Rubén Rojo y ella trabaron amistad con Pablo Neruda. Las palabras con las que el poeta describió a Mercedes Pinto son las que hoy pueden leerse en su sepultura, que dicen así:

> Mercedes Pinto vive en el viento de la tempestad, con el corazón frente al aire, con la frente y las manos frente al aire, enérgicamente sola, urgentemente viva. Su cabeza se arrolla y desarrolla en palabras que la rodean como rizos, erigiéndose como gorgona vocal y eléctrica; segura de aciertos e invocaciones; temible y amable en su trágica vestidura de luz y llamas. Pablo Neruda (Pinto, 2009: 56).

Finalmente, Mercedes Pinto llegó a Cuba ese mismo año de 1935 y extendió su residencia en la isla hasta 1943. Aunque la idea de la autora era volver a España, la Guerra Civil hizo de su exilio un viaje de ida definitivo. De ese modo, a su llegada a este nuevo destino, el gobierno cubano le ofreció un puesto como Educadora de Conferencistas y otro en la radio gubernamental y en la Cadena Azul. El periodista Luis Felipe Gómez Wangüermert (Juan del Time) dio cuenta en el diario *El Tiempo* de la gran acogida que la autora tuvo por parte de diferentes diplomáticos, la Universidad de la Habana, el Casino Español, los círculos Republicano y Socialista españoles, la Asociación Canaria, el Ateneo Canario de Cuba y la Colonia Canaria habanera:

Mercedes Pinto, la mujer que en nuestra América es la legítima representante de la cultura femenina española: socióloga, periodista, conferenciante, poeta, oradora, pensadora eminente, precursora, adivinadora en pasados años de estos tiempos en que están cristalizando sus ideas haciendo efectiva la intervención de su sexo, de la mitad del linaje humano en los problemas de todo lo que ha sido monopolio exclusivo de la otra mitad, la masculina, responsable del desprestigio de sus sistemas, ya en innegable decadencia; Mercedes Pinto, repetimos, acaba de llegar a La Habana (en González Pérez, 2009: 105).

Mercedes Pinto colaboró en los diarios *El Mundo* y *Carteles*, y realizó una gran actividad política a favor de la II República Española. No obstante, lo que le granjeó una mayor popularidad fueron sus programas radiofónicos, desde los que extendió su ideario social a favor de la igualdad de derechos de las mujeres y su activismo humanitario. En relación a esto último, fue significativa la campaña que Mercedes Pinto realizó para que Cuba permitiese el desembarco de 930 judíos a bordo del barco San Luis, como ella misma relató años después en un texto periodístico, en el que expresó que:

[...] Nosotros no nos hemos olvidado... Nos vemos todavía ante el aviso del diario *El País*, de La Habana, anunciándome que el barco "San Luis" no podía desembarcar en el puerto su carga dolorosa de niños y mujeres en su mayoría, que huían de la espantosa carnicería nazi. Y tomando el micrófono de la estación de radio donde realizábamos nuestro diario trabajo, estuve ocho largas horas sin moverme, gritándole al gobierno, a las autoridades, al mundo entero, la injusticia, el crimen que significaba no permitir el desembarco de los refugiados de la barbarie fascista... (Pinto, 2009: 62).

Finalmente, los refugiados pudieron descender del barco en Cuba. Por este hecho, no solo recibió Mercedes Pinto múltiples homenajes, sino que la comunidad judía le dedicó con su nombre un bosque de más de 2000 árboles en Israel en 1978, dos años después de su muerte. La escritora se trasladó a México con sus hijos tras el fallecimiento de Rubén Rojo en Cuba, donde estos habían desarrollado sus carreras como actores y ella gozó de una gran popularidad por sus intervenciones en la radio, la televisión y sus conferencias.

Uno de los hechos más importantes de estos años fue la decisión de Luis Buñuel de llevar al cine su novela *Él*, lo que le reportaría aún más atención pública. Mercedes Pinto siguió trabajando hasta el momento de su fallecimiento en 1976, a los noventa y tres años de edad. De hecho, el último texto que envió al diario *Excelsior* donde colaboraba, se publicó una semana después de su muerte. Su batalla social por el reconocimiento de los derechos de las mujeres se extendió durante toda su vida y, en uno de sus últimos textos periodísticos, podemos leer unas palabras que resumen y definen su vocación humanitaria. Dicen así: «Bajamos ahora este telón, como el de El Eterno femenino, gritando con palabras parecidas y unánime ideal: ¡Hay que cambiarlo todo, las costumbres, la indiferencia, las leyes, todo!» (Pinto, 2001: 410).

La intensa lucha ideológica de Mercedes Pinto a favor de las mujeres y sus derechos fue un antecedente en

España del nuevo escenario que estas alcanzaron durante la II República. Su exilio posibilitó que sus ideas fueran acogidas en los numerosos países que se cruzaron en su paso imbatible, pues si algo caracterizó a la canaria fue la firmeza con la que trazó su propio camino, como puede percibirse en sus diferentes poemarios, novelas, relatos, obras de teatro y artículos periodísticos. Sin duda, Mercedes Pinto merece estar presente por derecho propio en nuestras nóminas de escritores, de intelectuales y de activistas sociales.

Armas Marcelo, J. J. (2009). *Mercedes Pinto, una sombra familiar*. Canarias: Tauro Ediciones.

Garcerá, Fran (2017). «"¡Puntos cardinales de nuestros caminos": Mercedes Pinto en la geografía de su exilio (1883-1976)», en Mercedes Pinto, *Cantos de muchos puertos*. Edición, introducción y notas de Fran Garcerá. Madrid: Ediciones Torremozas, pp. 7-43.

— (2018). «Mercedes Pinto Armas de la Rosa y Clós», en *Diccionario Biográfico Español* de la Real Academia de la Historia (en línea).

González Pérez, Teresa (2009). *Mercedes Pinto. Una mujer precursora, una mujer transnacional*. Las Palmas de Gran Canaria: Anroart Ediciones.

Llarena, Alicia (2003). *Yo soy la novela. Vida y obra de Mercedes Pinto*. Las Palmas de Gran Canaria: Ediciones del Cabildo de Gran Canaria.

Mainer, José Carlos (1983). *La Edad de Plata (1902-1939). Ensayo de interpretación de un proceso cultural*. Madrid: Ediciones Cátedra.

Martínez, Rogelio (2007). *Crónica del exilio de Mercedes Pinto en Uruguay. Tomo I (1924-1925)*. Introducción y notas de Alicia Cagnasso. Montevideo: Ediciones Bergamín.

Pinto, Mercedes (2001). *Ventanas de colores*. Edición e introducción de Alicia Llarena. Las Palmas de Gran Canaria: Ediciones del Cabildo de Gran Canaria.

— (2009). *Geografía sentimental*. Prólogo y compilación de Alicia Llarena. Las Palmas de Gran Canaria: Gobierno de Canarias.

— (2017). *Cantos de muchos puertos*. Edición, introducción y notas de Fran Garcerá. Madrid: Ediciones Torremozas.

NOTA A LA EDICIÓN

La presente edición da cuenta del discurso original que Mercedes Pinto pronunció en la Universidad Central de Madrid en noviembre de 1923 bajo el título *El divorcio como medida higiénica*. A este texto se han sumado trece artículos periodísticos en torno a la problemática de la mujer, que la escritora canaria redactó durante su estancia en Uruguay y en México y que dejan constancia de su compromiso social y humanitario a lo largo de toda su trayectoria vital. Asimismo, se ha modernizado la ortografía y la acentuación, tal como recomienda hacer con los textos contemporáneos el *Manual de crítica textual* de Alberto Blecua.

# El DIVORCIO como medida higiénica

# El divorcio como medida higiénica

Serenísimo señor, señores:

Con la atención y el interés sumo que desde muy pequeña consagré a todo lo que pudiera redundar en el bien general, escuché las hermosas ideas que de los discursos del domingo pasado quedaron como pájaros de luz volando en el escenario, y dejando estelas resplandecientes sobre el mar de sombras de nuestras añejas e insanas costumbres.

De esas ideas una quedó latiendo en mi cerebro fuertemente, porque es el clarín trágico que suena incesante en mis oídos; esa idea en mí fija, persistente y fatal, es la de la herencia, que me hace ver angustiada una fila interminable de hijos inocentes llevando sobre sus espaldas, como una carga aplastadora, el estigma de una enfermedad vergonzosa y cruel.

Decid conmigo, aquellas de las mujeres que me oís, si hay nada comparable a la alegría de descubrir en las tiernas facciones de nuestros hijos los rasgos del hombre adorado que les ha dado el ser.

¡Querer!, palabra incomparable; ¡querer y ser querida!, eterno anhelo de la mujer, **mujer.**

Y cuando amamos mucho y amamos bien queremos que nuestro hijo sea sombra de su sombra, retrato fiel de su figura misma. «¡Se parece a su padre!» —nos dicen las amigas, y nosotras miramos a nuestro hijo y decimos orgullosas —«¡Es su vivo retrato!» —y en él vemos aunarse en divino consorcio todos los besos, todas las caricias, toda la pasión de nuestro amor...

Pero hay una enfermedad terrible, si no tan vulgar tan espantosa como la sífilis o la tuberculosis, que es también hereditaria y que lleva al alma del cónyuge sano el terror y la inquietud constante.

Yo vengo hoy aquí sin pretensiones de ningún género; vengo como una mujer cristiana y sencilla que ha llorado y ha visto llorar, y recogiendo mi dolor y el dolor de las otras mujeres que se han cruzado conmigo en el camino de la vida, lo expongo a vuestra consideración y en especial a la consideración de los médicos, de los juristas y de todos los hombres de ciencia, para que traten de ponerle el remedio adecuado. Yo seré aquí como el enfermo que viendo una gangrena en su pie viene al médico y le dice: «Medicinadme; cortadme lo que sea, pero quitadme el dolor»; yo digo igual, evitad, cortad, lo que sea mejor, pero estudiad nuestro dolor y sanadnos.

Esta enfermedad terrible y de difícil diagnóstico si no es con una observación constante y larga del enfermo, por doctores especializados, es la locura razonada que el vulgo llama «manía persecutoria» y científicamente «paranoia».

Algunos señores que tomaron parte en el mitin «pro higiene» del domingo último abogaron por un certificado facultativo que pudiera aportarse al matrimonio para dar la tranquilidad de que no padecían tuberculosis, ni enfermedades venéreas; pero de la locura razonada ¡tan engañadora!, no pueden aportarse certificados.

Yo sé, señores, que esta enfermedad pueden llevarla en sí lo mismo los hombres que las mujeres, pero yo soy mujer y vengo a hablar por ellas. Los hombres casados con una enferma de este género lo tienen todo a su favor: «Pobre hombre —dicen—, la mujer es insoportable, es celosísima, es rabiosa, es una fiera; debe estar chiflada, porque hace cosas muy extrañas». Por fin el marido, acompañado del asentimiento y la conmiseración de los amigos, de sus criados y del mundo, toma a la esposa y la lleva a una casa de salud, o la entrega a sus padres, quedándose él con los hijos, porque la mujer «no anda bien de la cabeza».

Así dicen; y no andar bien de la cabeza es tener celos infundados de un marido intachable, es el enfadarse sin causa, es hacer del hogar una molestia continuada, etc., etc. El hombre, pues, está ya liberado.

La mujer en cambio se casa con un hombre sano, del cual puede hasta tener certificados médicos, no tiene tuberculosis ni enfermedades venéreas, sus hijos, pues, serán saludables. Creo además, por habérselo oído a médicos alienistas, que la «paranoia» suele estar oculta en la infancia y en la primera juventud y desarrollarse generalmente cuando las preocupaciones y cargas de la vida se acentúan y pesan sobre el cerebro... es decir, cuando después de casados, y aún después de la primera época, el nacimiento de los hijos y su sostenimiento y educación empiezan a levantar en el predestinado a la locura las aún dormidas preocupaciones.

¿Cómo va un médico que examina la sangre y el pulmón de un hombre a saber que en no lejano día el negro sadismo se levantará cruel y silencioso entre las sombras de la alcoba nupcial?

¿Cómo puede el médico adivinar las torturas a que la infeliz esposa va a verse sujeta? ¿Cómo la verán sus ojos de doctor y humanista con los dedos retorcidos y la garganta doblada bajo las presiones y las mordidas que han de dar al sádico el esperado goce?

Las infinitas crueldades que un enfermo del cerebro puede desarrollar en el matrimonio solo puede concebirlas la mente más exaltada, los celos más insospechados, las manías más torturantes, los insomnios más tétricos, las bajezas más bochornosas...

Y eso, todo eso que parece ha de ser causa de divorcio, no lo es ni puede serlo, puesto que el Código [Civil] aprecia como motivo de divorcio aquellos golpes de naturaleza tal que pudieran haber causado la muerte, y una cantidad de testigos que no sean de la familia, ni sirvientes, sino personas de fuera de la casa que hayan presenciado los hechos. De manera que todas las violencias, las torturas y los horrores incontables por asquerosos o brutales, que contra su esposa pueden ocurrírsele a un paranoico, no son nada ante las leyes; tiene que esperar que le peguen un tiro... (y no la acierten) para que los jueces piensen que si le acierta... ¡se hubiese quedado en el sitio! Y por lo que se refiere a los testigos, desde luego comprenderéis lo imposible de que ciertos martirios, generalmente de alcoba y nocturnos, tengan testigos, porque no es costumbre que los amigos estén en la habitación a esas horas, y si la esposa grita, ya tendrá cuidado de no volver a hacerlo porque el marido lo impedirá, del modo que pueda, pero lo impedirá.

Además, todo el ambiente que ayudó al esposo de la enferma, al recluirla en un manicomio, o enviarla con su familia, quedándose él con sus hijos, ambiente que le harán también las mujeres que se pondrán de parte del marido, le faltará seguramente a la esposa al tratar de hacer lo mismo. Por regla general, pocas veces llega al público el verdadero aspecto de la horrible verdad.

Un señor discutidor, suspicaz, dispuesto a agriar las conversaciones con frases molestas y hasta llegando alguna vez a una agresión, no es para los ojos de los extraños mas que un hombre de mal carácter, o tal vez cuando más «un señor raro»; pero esas gentes ven las cosas de lejos, no saben los disimulos, las suspicacias y los engaños con que esos hombres, que no son raros sino sencillamente enfermos, llegan a ocultar al público completamente las espantosas negruras de su hogar.

Esa locura engañadora, que lleva generalmente al que la padece a ver en los demás maldad y refinada malicia, desprestigia a la esposa del loco, por regla general, y a las iras de este se les llamará «mal carácter», y a su sadismo exageraciones de la esposa que comprende mal las expansiones de un apasionado, y a sus celos les llamarán «exceso de amor», si es que no —¡lo que desgraciadamente ocurre!— se vuelve la opinión en contra de la esposa, y dicen que algo habrá en ella cuando él la cela.

¿Qué ayuda puede darnos la justicia? Ninguna; porque la locura por sí no es causa de divorcio.

Los médicos, los médicos son únicamente los que pueden ayudarnos en nuestras aspiraciones.

¿Y cuáles son esas aspiraciones? Esta es la verdadera tesis de mi discurso.

«El divorcio como medida higiénica».

Yo sé que muchas mujeres sentirán al oírme la impresión de que soy una libre pensadora a la moderna. Yo puedo declarar sencillamente que soy cristiana y que el hogar y la familia son los tesoros que enajenan mi espíritu, ¡pero no un hogar a la fuerza, ni una familia creada en medio del terror!

**Por eso digo antes** ¡divorcio como medida higiénica!

Porque refiriéndonos a las medidas que se han aplaudido y hasta se han adoptado en algunas Naciones, de presentar una póliza de seguros al tiempo de contraer matrimonio, eso no es suficiente, como no lo es el certificado que lleve el novio para garantizar la seguridad de la herencia sana. Porque el marido vicioso o despreocupado, después de casado, y en incursiones en el campo de la inmoralidad, puede muy bien traer a su casa una enfermedad repugnante, haciendo de este modo perfectamente inútil el flamante certificado que en el momento de su matrimonio dio la certeza de su buena salud.

De modo que si la novia está a tiempo de renunciar a una boda peligrosa, la mujer casada se ve en peligro de enfermar ella y además de crear hijos enfermos y taladrados de un virus maldito ¿qué remedio le queda?

Si antes dije que sé querer y que mi alma sensible y mi espíritu ardiente comprenden la dicha de contemplar en el hijo del amor la sonrisa del padre adorado, os quiero poner también ante la vista las lúgubres horas en que la esposa del loco contempla ante la cuna de su hijito las facciones temidas de su padre. ¿Sabéis mujeres que me oís, sabéis hermanas mías, lo que es acechar en las luces de las pupilas amadas de un hijo el destello de la locura que ha de marcar su vivir con una tara espantosa?

Y que la tara ha de marcarlos es indudable, pues aun no heredando la enfermedad del padre, como han sido engendrados en medio del terror y de la aversión, saldrán idiotas, epilépticos o degenerados; ese hijo nacido a la fuerza de una madre dolorida y llena de espantosos temores, y de un padre celoso y enloquecido ¿cómo saldrá? Reflexionadlo un momento o preguntadlo a vuestros médicos, que ellos mejor que yo pueden decirlo.

Y cuanto más exacerbada la paranoia, más hijos procrearán, pues excitada la sensualidad con la locura buscarán incesantemente a su esposa en vez de alejarse de ella. Bajo este punto de vista, es más terrible la locura que las otras enfermedades hereditarias, pero en las que la razón impera. Si un sifilítico o un tuberculoso es un hombre educado, si tiene voluntad y si es un caballero, puede no tener más hijos, y un viaje, una separación amistosa, o un temporal apartamiento del lecho conyugal, pueden hacer que no se contagie su esposa, y que se interrumpa la procreación; pero un paranoico que es un ser irresponsable, y que empieza por creer que está completamente bueno y casi siempre por ver frialdades y desamor en los demás, mientras más loco esté más frecuentes relaciones íntimas tendrá con su esposa, y más fácil es que la triste ley de herencia continúe sus fatales estragos.

Y estos estragos pintados están de manos maestras: por Brieux en su *Avaries*, por Gouriandec en el *Beso Mortal*, Ibsen en su célebre *Espectros*, y tantos otros cuya enumeración se haría extensísima.

Los doctores competentes que me escuchan saben que los peligros a que está expuesta una mujer casada con un paranoico no tienen número.

Los legos en medicina bastará con que lean los mil libros y novelas en que la manía persecutoria está retratada, entre ellas *El médico loco* de Andreev, *Irresponsables* de Pedro Mata, o sencillamente que del ambiente popular tomen al azar unos cuantos ejemplos. El mismo ya nombrado Ibsen, en otra obra, si no tan popular como *Espectros* no menos notable, titulada *Juan Gabriel Borkman*, pinta un caso en el que yo (y esto es apreciación propia) he creído ver siempre un paranoico; ¿qué puede ser Juan Gabriel, con su alma seca, su desmedido amor al dinero, y el sacrificio de lo más sentimental de la vida a sus miras egoístas, sino un paranoico dominado por la egolatría?

Es indudable que la única medida a tomar es la del divorcio, pero un divorcio rápido, que basado en un certificado radical de doctores especializados evite el nacimiento de nuevos seres, o la muerte violenta de la esposa, que si bien nuestras leyes no han podido evitarla, no será después de ocurrida castigada tampoco, puesto que tardíamente y con el solo objeto de salvar del castigo, se dirá y se demostrará muy a deshora que «era un irresponsable».

Yo podría nombrar en apoyo de mi tesis una lista interminable de doctores eminentes, extranjeros y nacionales, y de hombres de ciencia de todos los países; pero tengo mi propio modo de ser, y antes quiero llevar a las conciencias la persuasión por el sentimiento que se adueña del alma, que la pedantería de lucir conocimientos que pudieran parecer pegadizos y de enciclopedia económica.

Yo nombraré con reverencia al doctor Navarro Fernández, que es *alma-mater* de estas luchas en defensa de la humanidad, y sobre todo de esa humanidad que al nacer llora la marca infamante de un estigma hereditario. El doctor Navarro Fernández, en conferencias que han recorrido triunfales el mundo científico, ha dicho con ese gracejo español que hace penetrar en el espíritu más inculto las cuestiones más arduas: «Si una máquina que fabricase artículos de primera necesidad (en estas o parecidas palabras) tuviere mal el engranaje de sus ruedas, o sus tornillos, y la materia fabricada saliere de mala clase, o perjudicial y nociva, el Estado dispondría que esa máquina fuese deshecha y separadas sus piezas una a una; pues considerando al matrimonio como una máquina de hacer hijos (la misma religión católica no le reconoce otro objeto) es de cuenta del mismo Estado el deshacer esa máquina desde el momento en que no esté en condiciones para la fabricación de una futura humanidad».

Y esta idea del doctor Navarro que yo traduzco aquí, seguramente sin la galanura de su estilo, pero fielmente comprendida, es el sentir de un considerable número de españoles conscientes de lo que debe ser el verdadero amor a la humanidad.

### Medidas para este divorcio

Dije desde el principio que no las sé; y que para que las pongáis los que entendéis de ello había yo venido aquí; pero las que creo más aproximadas son estas: derecho de la mujer de que sin necesidad de que el marido queme la casa, o como se dice vulgarmente llegue a «comerse los niños crudos», solo con costumbres sádicas, celos disparatados y sin causa absoluta, iras irrefrenables etc, etc., pueda, autorizada por esos mismos derechos que pedimos, solicitar de los médicos competentes la observación del esposo, y caso de encontrar en él la terrible enfermedad, que los mismos médicos puedan denunciar el caso como necesitado de la ley del divorcio, **como medida higiénica,** y para evitar que el temible mal tenga sucesores.

En Suecia está establecida la ley del divorcio por contagio de la avariosis y para todas las enfermedades hereditarias.

La duda que surge inmediatamente a esto es la de siempre: ¿qué se hace con los hijos?

Yo vuelvo a repetirlo, no vengo a abogar por una solución determinada porque mi actuación es mucho más humilde, es la de exponer un mal y rogaros su remedio, pero al hablar del problema de los hijos en el divorcio me ha parecido siempre muy fácil de resolver; deben estar con el sano moral y material; porque no debe establecerse un divorcio fácil como en esos Estados de América en que se separan por fútiles motivos, sino un divorcio depurado en que se pruebe con datos irrefutables que uno es el causante, y entonces, hallando motivo serio para ello, los hijos sean dados a la parte sana, como los hijos que hoy con el deficiente divorcio existente en España se entregan a la parte honrada y moral. Si se estableciera el que yo pido, **el divorcio por higiene,** se entregarían los hijos al esposo saludable para que, en lo posible, no sean víctimas los inocentes. ¿Y la manutención de estos hijos? Obligación de mantenerlos al padre que tenga medios para ello, y en último caso, será tan problema como en caso de muerte, que nadie discute si puede un padre morirse o no cuando deja a los hijos en la miseria.

El Estado debe procurar por esos hijos que son suyos y miembros de la Sociedad que dirige, que preferible es tener los hijos amparados por la beneficencia pública, que contagiados de tuberculosis o muertos violentamente a manos de un irresponsable.

Yo había terminado estas notas sinceras, salidas de mi alma como el grito de angustia de una generación atormentada, cuando algunas personas, entre ellas algunas mujeres, me advirtieron que era atrevida mi idea, y que tal vez no encontraría ambiente; pero al acudir al doctor Navarro consultándole mi duda, me alentó diciéndome que precisamente entraba de lleno en la décima de las conclusiones de la cruzada, y con su beneplácito, y como tomada de su mano, he venido aquí.

Y para que algunas de las almas tímidas que me escuchan vean que en mis peticiones me he quedado muy corta, porque me he limitado a pedir el alejamiento del peligro, **sin rogar que nos permitan la felicidad,** voy a leer el párrafo de un artículo que escrito en un periódico médico, y copiado después veces innumerables, ha escrito otro doctor español (que no siempre han de referirse los oradores a entidades extranjeras con nombres de difícil pronunciación, teniendo tanto y tan bueno dentro de nuestra propia casa). Este doctor eminente, gloria hoy de la ciencia en su especialización de las enfermedades cerebrales, que acaba de redondear su gloria con un notable libro que elogia en estos días la prensa de Madrid, es el doctor Camino, director de la sala de alienados del Hospital Militar y de varios otros sitios de observación. En este artículo afronta con hermosa valentía el punto que yo no toco en mi discurso, y que dice así:

«Y en el caso de que, a pesar de toda esta legislación previa, la ley continuase, como en la actualidad, en su criterio cerrado de no conceder el divorcio absoluto, soy de los que opinan que el cónyuge ofendido, siempre y cuando tenga conciencia de su dignidad y de su inocencia, debe seguir el camino marcado por la naturaleza; esto es, buscar el amor y el hogar a que tiene derecho allí donde lo encuentre, pues por encima de todos los miramientos y escrúpulos sociales y de todas las leyes civiles y eclesiásticas, se hallan el interés supremo de la especie y los verdaderos afines y amantes brazos que sepan alentar y dirigir siempre el fuego sagrado del organismo humano hacia las grandes iniciativas y humanitarias empresas».

Estas palabras que acabo de leer son de valor y aliento para aquellos que prefieren conformarse con ver a la humanidad naciente con la cadena de una herencia espantosa, acardenalando las sonrosadas carnes de los que al nacer deben venir confiados al regazo de una madre sana, y bajo la protección de un padre limpio de alma y de cuerpo, que puedan gloriarse al contemplar unos hijos robustos bajo el cielo esplendente del hogar español.

# Otros artículos

# CARMEN DE BURGOS (COLOMBINE)

Me presentó a ella don Luis Ruiz Contreras, el crítico y literato español, traductor oficial de Anatole France, de quien muy pronto me ocuparé en estas columnas de *El Día*. Don Luis, como lo llamábamos muchos de sus adeptos en Madrid, me dijo: «Cuando hable usted a Carmen de Burgos, habrá conocido a una mujer maravillosamente espléndida de talento, de gracia y sobre todo de bondad». Y en realidad es así. Hablar con doña Carmen es hablar con un corazón a flor de piel; es gustar pan recién hecho; es oler aire del campo en la madrugada; es bañarse el cuerpo en agua de arroyo perfumado de flores y tibio de sol...

El principio de la vida interesantísima de Carmen de Burgos pudiera titularse «La juventud de muchas mujeres españolas», porque tiene muchísimos puntos de contacto con la de miles de criaturas desventuradas, llevadas por una educación disparatada, sembrada de prejuicios y de ignorancias, a un matrimonio absurdo, verdadero camino de horror, donde ven desgarradas sus ilusiones y su vida toda, sin una posible solución eficaz. Yo misma le he oído contar sus grandes y perjudiciales ignorancias, que su familia tomaba por inocencias encantadoras, al llegar a su matrimonio con un malvado, que destrozó sus diecisiete años y su alma pura con vicios inconfesables y una ingénita y adquirida perversidad. Un día Carmen de Burgos no pudo soportar más, y su carácter noble y el fondo de su conciencia recta se rebelaron contra la opresión del tirano, y con su niña de tres años en brazos, llegó a Madrid desde Almería dispuesta a luchar. Solucionada su situación legal con la obtención del exiguo divorcio existente en España y sintiéndose con alientos para elevadas empresas, empezó a dedicarse al periodismo siendo muy pronto admitida su firma con admiración en los diarios madrileños de más importancia. Pero las ideas ampliamente liberales de la joven escritora levantaron rápidamente ampolla en la piel de la España reaccionaria, y con la intransigencia acostumbrada, a base de la difamación si es preciso, para probar que todos los que no comulgan con sus ideas son seres reprobables, un periódico de las derechas conservadoras se ocupó de aquella joven «maestrita» que venía de provincias a decir cosas interesantes llamándolas por su nombre, sin eufemismos ni paliativos, y se ocupó en términos despectivos y, aún más, difamatorios. Doña Carmen de Burgos estaba sola en Madrid con su hija, era muy joven y sentía sin embargo en su espíritu indomable valor suficiente para defenderse, y una mañana clara de primavera madrileña, Carmen de Burgos se puso en traje sencillo, echó sobre su negrísimo y rizado cabello la oleada de encaje de una mantilla que arrolló gentilmente a su cuello, con inimitable gracia legendaria y con su pie menudo y primorosamente calzado (detalle también muy español), atravesó la distancia que separaba su modesta casita de la redacción del periódico, cobarde atacador de mujeres indefensas. Carmen de Burgos entró en la redacción llena de periodistas. Modesta, con los dulces ojos velados por espesísimas pestañas, con la boquita roja de colegiala, suavemente dilatada por una sonrisa ingenua de «niña buena». «¿Está el director?» —preguntó con su fresca voz cantarina. Todos la miraron, insinuando diversas posturas «académicas». Uno contestó: «No, no está». Carmen insistió: «Pues haga usted el favor de decirle al redactor que se haga responsable del artículo de ayer, hablando de Carmen de Burgos; que salga». La voz de la «maestrita» era suave, voz casi infantil, que inspiró ideas bromistas en algunos. Entonces uno de ellos, muy conocido en los círculos literarios, se adelantó jovial. «Yo, yo me hago responsable», exclamó. Rápida como el pensamiento se inclinó Carmen de Burgos y sacándose su zapato y volviendo a erguir su figura estatuaria, descargó con la suela un fuerte golpe sobre la mejilla del redactor, que lleno de asombro y de dolor se ocupó al punto de recoger del suelo sus lentes rotos. Carmen de Burgos, entonces, dirigiéndose al resto de los redactores, que poseídos del mayor pasmo contemplaban la escena, les dijo: «Y ahora, solo tengo que añadir este encargo: o el director rectifica mañana mismo lo escrito ayer, o vengo a la redacción y lo corro con una zapatilla como si fuera un gato; porque Carmen de Burgos no tiene hermanos, ni marido, ni hombre alguno para que la defienda, pero tiene sus zapatos y su corazón decidido. ¡Buenos días!». Y calzándose de nuevo, salió serena, bajos sus ingenuos ojos de colegiala, y embozadita en la mantilla con el aspecto grato de una modesta mujercita que va de compras... Pero al día siguiente el periódico reaccionario traía en su primera plana un artículo encomiástico para «la ilustrada profesora y notable periodista doña Carmen de Burgos», titulado «Informaciones falsas» o cosa por el estilo.

Por la reforma del Código Penal también ha trabajado Carmen de Burgos intensamente y su novela *El artículo 438* está escrita expresamente para protestar de ese párrafo cruel del Código que autoriza al esposo a matar impunemente a la esposa adúltera.

Doña Carmen de Burgos es, pues, una notabilísima periodista, una popular novelista, un gran corazón; posee una simpatía extrema, tiene muchísimas influencias y levanta su nombre consideración y respeto grandes en toda España; pero lo que es la base principal de su modo de ser es la entereza de su carácter, por otra parte dulcemente afectuoso.

Muchas, muchísimas son las anécdotas que esmaltan la vida de esta gran mujer de amplias ideas liberales, demostratorias de su espíritu recto.

Para terminar, contaré dos, distintas en la forma, pero de idéntico fondo de resolución:

El Gobierno concedió hace poco una limosna de cincuenta pesetas por una sola vez a todas las mujeres necesitadas que dieran a luz «con excepción de las solteras». Y doña Carmen, indignada de aquella crueldad que atacaba a niños recién nacidos y mujeres enfermas, reclamó al Directorio, y fui yo misma en funciones de secretaria de la Liga portadora de la protesta, contestándome un secuaz de Primo de Rivera: «¿Pero no comprenden ustedes que con esta petición favorecen la prostitución?».

Dio cumplida réplica doña Carmen a tan absurda respuesta, con una atrevida y saladísima carta al mismo Primo de Rivera, diciéndole «que no era muy creíble que por la esperanza de obtener cincuenta pesetas se decidiese ninguna mujer a tener un hijo...».

La segunda anécdota tuvo como gracioso interventor a El Caballero Andaluz (tan «carretero» como atrevido y cínico), redactor en un tiempo del *Heraldo de Madrid*, quien creído de que con su estatura colosal y su capa terciada destrozaba los corazones de todas las españolas, tuvo el atrevimiento de enviar con el portero de la redacción una carta de declaración amorosa a doña Carmen y ella remitió la carta al director del periódico avisándole que «uno de sus criados se había atrevido a dirigirle la carta que adjuntaba, lo que ponía en su conocimiento, para que lo echase a la calle o le impusiese la corrección que creyese oportuna». Y fue puesta a la «dirección» sobre la mesa del periódico, la carta cursi y osada del «carretero audaz»...

Doña Carmen de Burgos es de las figuras españolas de quien se puede hablar con verdadero orgullo de compatriota. Fue la primera mujer que ejerció el periodismo en España; la primera que levantó bandera de feminismo; la primera que rompiendo viejos moldes y sin alardes de demagoga dio conferencias abogando por la liberación de la mujer, y luchó contra el régimen caduco y sus tiránicas derivantes.

Mucho, infinitamente más de lo dicho, podría decirse de la vida periodística, literaria y política de esta dama notable, pero en las estrechas pautas de un artículo solo es posible esbozar su egregia figura, presentándola como ejemplo de feministas decididas, de novelistas fecundas, y de mujer de ideas claras, determinadas, justicieras, y de obra enérgica, decidida y práctica, dentro de las salvadoras ideas liberales.

*El Día*, Montevideo, 10 de mayo de 1925.

# La trágica visión

Cuando llegué a Montevideo en busca de sus leyes generosas, quise adentrarme en el hogar criollo, y saturarme de su realidad. Vi en él respeto, amor y paz, y sobre todo, vi la verdad, una gran verdad, porque la mentira no tiene paz ni razón de ser en estos hogares, donde las leyes son salvadoras y libertadoras de toda falsedad y de todo engaño. Vi respeto inmenso para la mujer, que no es un «mueble» comprado para toda la vida, sino un ser consciente, que demuestra amor a su esposo, mientras su corazón le pertenece, pero no tiene que fingirlo por temor al deshonor o a la prisión. Mi inteligencia se inclinó ante las sabias, bienhechoras leyes, que dan seguridad al hogar en la mutua confianza conyugal. Se había borrado en mí la visión pretérita de la esposa desventurada que odia a un marido abyecto, y no puede divorciarse, porque no tiene pruebas, porque no tiene testigos de sus afrentas, o porque estas afrentas no son consideradas en el Código [Civil] como causas justas de divorcio. Poco a poco, impulsado por este sol de libertad y de justicia, se fue esfumando en la lejanía de mis recuerdos dolorosos todo aquel panorama tétrico en que la mujer española se agita irredenta.

La otra noche sin embargo volvió a alzarse ante mí la sombra funesta del pasado, y volví a contemplar a la mujer española arrastrándose implorante como un can a las plantas del marido justiciero. *La otra honra,* última obra teatral de don Jacinto Benavente, es (aparte de su trama arbitraria) una obra francamente antifeminista. En primer lugar, Benavente debía advertir que no presenta al público un tipo de mujer corriente, sino una enferma del cerebro o una prostituta, y presentárnosla ya como caso patológico o social. Aquella mujer, de la cual ignoramos qué motivos graves le dio su marido para aborrecerlo, qué fue lo que la impulsó a entregarse a otro hombre, y en virtud de qué vuelve a brotar en su corazón el amor hacia su esposo —que no sabemos haya cambiado nada en su conducta o en su carácter para merecerlo—, es un tipo de mujer banal y despreciable, ya que no, como decimos antes, de enferma o viciosa. Cuando se pinta una mujer así, debe tenerse cuidado en remarcar los detalles que la hagan determinar como un caso aislado, y no dejarla borrosa de modo que perjudique a la generalidad.

Aparte estas consideraciones, que son secundarias para el objeto que nos guía al trazar estos renglones, vemos con dolor lo abandonada que está la causa feminista en España, donde escritores como Benavente, sumándose a la traílla que rodea al régimen actual, se descubre ante leyes medioevales y aun pone en boca de la protagonista frases como ésta: «Y nunca me he sentido más suya que cuando comprendí que podía matarme... por eso, por ser suya ...». ¿Pero qué es esto, señor Benavente? ¿«Chulerías» y todo? ¡Si me parece que estaba en mi casa de Madrid, escuchando a la portera vociferar contra el guardia que interviene en la marital pelea: —«¿Y a usted, quién lo ha llamado aquí? Mi marido me pega, porque puede y porque yo soy su mujer, ¿estamos?».

¿De manera que a Benavente le parece muy bonito que el marido pueda matar a la esposa impunemente, y que ella note crecer en su corazón el amor, al sentirse tan «evidentemente» de su propiedad? ¡Señor! Si lo que necesitamos las mujeres españolas son escritores y legisladores honrados que contribuyan a salvarnos, y no escritores viciosos que sin saber lo que es una mujer aprieten más y más en la incomprensión popular los tornillos de las leyes anacrónicas que nos esclavizan. La cantidad de tópicos vulgares de que está llena toda la obra: «matrimonio para toda la vida», «honor compartido», etc., etc,, nos hace comprender dolorosamente, lo lejos que está aún en la conciencia de los dirigentes de la sociedad española la idea de que el divorcio vincular es lo único que puede dar seguridad al amor conyugal, siendo precisamente él la evitación de todo fraude dentro del matrimonio, puesto que no hay razón que abone el engañar por engañar, habiendo una solución y la esperanza de una nueva vida.

No es posible escribir buenas obras de tesis estando al margen del asunto que se trata. Y no es Benavente, seguramente, el llamado a llevar a la palestra la aspiración general de la honrada mujer española, que anhela cimentar la felicidad de su hogar sobre el reconocimiento de sus derechos y su reivindicación social.

No se le ocurre a un escritor como Benavente escribir sobre ese cruelísimo artículo 438 del Código Penal, verdadera vergüenza de la legislación española, que autoriza al esposo y al padre para asesinar a la esposa o la hija sin castigo para el matador. Y en cambio, presenta en su última obra a una mujer que se arrastra de rodillas a los pies de su marido durante toda una escena, en súplica humilde de un porvenir de nulidad y vejación, al lado de un esposo que perdona imponiendo leyes expiatorias, como un dios bíblico. A la contemplación de esta escena bochornosa, expuesta ante nuestro cerebro de un avanzado siglo veinte, se levanta la fundada certeza de que no sería factible reproducir la escena a la inversa si el marido hubiese cometido adulterio con la sirvienta, con la amiga, o con la propia hermana de su esposa, llevando sus vicios hasta el hogar conyugal.

Machacar sobre esas ideas medioevales, para afianzarse en ellas, adormeciendo la conciencia pública española, sobre una doctrina cruel y rutinaria, es sencillamente cobarde, puesto que va contra una parte de la humanidad que no tiene más defensa que la pluma del escritor que pueda, en valientes y generosas campañas, obligar a los legisladores y a los gobernantes a cambiar la faz del porvenir femenino.

Puede Benavente en su notorio descenso intelectual de una senilidad anticipada por extrañas concausas dedicarse a escribir obras de arte o de fantasía. Pero atreverse a tocar el grave problema del matrimonio español, en estos momentos en que, llegados al supremo agobio, se vuelven los ojos esperanzados a una categórica solución; poner la mano sobre esta dolorosa llaga social, solo para apretar más sobre ella el grillete torturante, es una burla infame de la que protesto en nombre de todos los españoles que, como yo, creen que el aniquilador régimen imperante en España necesita de plumas que lo socaven, pero plumas de hombres, para que en lugar de dar a los públicos el indecoroso espectáculo de una mujer arrastrándose de rodillas por la escena, den el del hogar lleno de verdad y transparencia, donde el hombre al besar a su compañera tenga la satisfacción íntima de que es el amor lo que la retiene a su lado, y no la imposibilidad de una liberación con que, bajo el beso mentido, sueña la mente sin embargo.

La mentalidad española sufre una congelación de ideas. Se publica mucho, pero todo banal, inestable, de esas obras que sabemos que «no van a quedar», y se busca por todos lados la obra, el libro, el pensamiento que ha de dar cima a la verdadera gloria de una época. ¿Y de quién es la culpa? Aparte el caso particular de los autores que por causas especiales o sus vicios extraños decaen anticipadamente en sus mentalidades, la generalidad de los intelectuales se «acorchan» espiritualmente ante las censuras, las prédicas, y las imposiciones de orden superior. Al gran león de España le sujeta el cráneo la garra de ese pajarraco, que es el régimen dominante, que si adormecido antes, contentábase con picotear los intelectos, hoy con las alas que le presta la dictadura recobra su vigor, aplastando el pensamiento español con las dos armas mortíferas que se llaman: Fanatismo e Intransigencia.

Desvalida permanece la mujer española, entre autores vacuos que escriben niñerías, y los que, como don Jacinto Benavente en *La otra honra*, desarrollan tesis denigrantes para nuestros derechos sagrados y nuestras justas aspiraciones. Necesitamos, repito, las mujeres españolas, paladines que rompan sus plumas enérgicas en nuestra defensa, anticipándose a quien por torpeza o maldad contribuya a hundir nuestras esperanzas en el charco muerto de la incomprensión popular.

Y yo desde aquí hago una llamada, para que mi hermana en el periodismo, la fuerte y valiente escritora Teresa Escoriaza, dé una nota «muy suya» en *La Libertad* de

Madrid sobre esta obra de Benavente, tan claramente antifeminista.

*El Día*, Montevideo, 14 de junio de 1925.

# Algunos tipos

¿Que si los conozco bien? ¡Oh!, mi pluma es muy sincera; si no los conociera al detalle, no me atrevería a retratarlos. El haberlos conocido muy de cerca, ha sido el brazo impulsor que, reafirmando mis ideas de toda la vida, ha roto radicalmente las trabas últimas que impedían mi declaración de liberalismo a todos los ámbitos del mundo.

Al llegar hace años a Madrid y encontrarme sola, sin conocer a nadie, perseguida en situación trágicamente desesperada a causa precisamente del régimen español, pedí auxilio a mi familia lejana, y esta, aristócrata y devota, me envió cartas de recomendación para las clases dentro de una esfera limitada. Yo no dudé en aquella época en hacer caso de ellas, porque se trataba de pedir amparo para alguien más débil que dependía de mi esfuerzo, y decidí visitar a las elevadas damas que forman la Junta de Acción Católica de Madrid. Eran las llamadas a darme amparo en mi demanda, porque su lema era la protección a la mujer. Mi tía era la presidenta de la Junta en Canarias, y su carta debía ser decisiva para que ellas pusieran en juego todas sus influencias. Yo me imaginaba a aquellas damas socorriendo mujeres desventuradas, protegiendo divorcios justos, auxiliando madres, enjugando llorosos ojos femeninos. Me recibieron amables, dulzonas, elegantes. Es la sobrina de la presidenta —decían—, y me preguntaban mil cosas que yo, por mis ideas contrarias a todas esas comedias, ignoraba. —¿En qué trabaja la Junta de Canarias en la actualidad, señora? Yo contestaba al punto: —En cosas … ¡en muchas cosas! ¡Ya lo creo! Ellas insistían incomprensivas: —¿Y qué dice el señor obispo? Y yo: —¡Oh!, dice mucho… ¡vaya si dice! La conversación transcurrió banal, cortesana, fútil… Luego trajeron el té… ¿Y todo aquello era la protección a la mujer? Tanto lujo en la Junta, tantos sirvientes, tanto confort… La presidenta era una aristócrata elevada; la secretaria —¡cómo la recuerdo!— era una condesa. Por fin hablé. Les conté mi tragedia. Mi actitud desprendida, renunciando a una fortuna, para buscar la paz y el sol únicamente. Les referí mis torturas, ¡todos mis dolores!, y cuando yo creí que aquellas mujeres me abrazarían sollozando, las vi erguirse, hieráticas dentro del duro corsé de la hipocresía y despreciando mi caliente historia de lágrimas, de niños, de penas, me dijeron, impávidas: —Nosotros creíamos que usted hacía un viaje de turismo y nos venía recomendada para cambiar impresiones sobre las Juntas, pero así, nosotras no podemos hacer nada por usted; nuestra religión nos impide tomar determinaciones en su asunto.

Yo insistí: —¿Y trabajo? ¿Colocación periodística, o algo de lo que ustedes dicen hacen por la mujer? —Nosotras damos a las obreras que cumplen nuestro ideario, algún trabajo de aguja, alguna labor… Yo pensé en esa gran mentira de salvar a la obrera, por medio de la protección de las Juntas de caridad, sin un rasgo de desprendimiento, sin un arranque del corazón; sino mezquinamente, una laborcita, un delantal bordado, un trabajo de dos reales a la semana para que poco a poco se vayan acoyundando con la tuberculosis… Aún interrogué: —¿Entonces…? Al punto respondieron: —En ese plan, nada podemos hacer por usted. Vuélvase a su país y resígnese con la suprema voluntad... Las miré hondamente... Entre ellas estaba María de Echarri, esa escritora cursi de las hojitas católicas, a quien Primo de Rivera ha tenido la osadía de llevar como primer concejal femenino al Ayuntamiento de Madrid.

Mi situación sin embargo apremiaba y fui a ver al jesuita Castillo, sobrino del embajador de España en París, que fue el marqués del Muni. Entré en la residencia de los jesuitas en la calle de la Flor, y salió al momento. Era pariente mío. Le conté mis dolores y le rogué ayuda. —Poco puedo hacer en tu caso, pero tranquilízate, ¿cuántos años llevas de casada? —Siete —le contesté. —¡Ah, pues ten esperanza! Santa Rita llevó quince años de continuados sufrimientos con su marido, al cabo de los cuales se convirtió en otro santo como ella, ¡conque ya ves que todavía te faltan algunos años de paciencia!

Salí a la calle ese día como sonámbula. Al entrar en la calle de San Bernardo, el tropel de las modistillas risueñas y la algazara de los alegres estudiantes que salían de la universidad me volvió a la realidad, ¿pero había vida en Madrid, había sol, había juventud, y sin embargo no se movía nada de lo apolillado, no se lanzaba la piqueta sobre lo ruin, no se acercaba la mecha encendida a lo deleznable?

Necesitaba auxilio inmediato, los días se amontonaban oscuros sobre mí y la necesidad de salir de aquellas horas me hacía sacudir los pensamientos y esperar que fueran unos cuantos los incomprensivos, pero que entre las personas a quienes yo debía visitar, hubiera una, ¡una sola!, que tuviera corazón y nervios y sangre. Y como tenía en mi poder una carta del conde de casa Segovia, gobernador, en aquella época, de las islas Canarias, para el obispo de Madrid, Melo, fui a visitarlo. Al entrar en la antesala, donde cuarenta o cincuenta personas esperaban audiencia, me fijé en la casi pobreza que todas ellas reflejaban en su vestimenta. Las mujeres cubrían su cabeza con la típica mantilla mañanera, también útil para disimular ojos sin esperanza y hartos de llorar. Me sumé a los que esperaban. Yo observaba al jovencito andrógino que introducía por orden de llegada a los visitantes y vi las excepciones disimuladas que hacía en favor de algunos. De pronto, minutos antes de las doce, llegó una señora anciana con dos niños y el secretario del obispado, o lo que fuera, no la dejó entrar. —Ha pasado la hora —murmuró inflexible—, y la rechazó. Pero detrás llegó, empujando, una señora rubia y elegante, y el jovencito lindo y afeitado le dijo presuroso: —Pase, condesa. Y pasó de inmediato, produciendo entre los que esperaban un doliente murmullo. Cuando se retiró la condesa, iba acompañada del obispo, que salió hasta la puerta a despedirla; él le besó la mano, y ella devolvió el beso en la piedra morada del anillo obispal... Regresó a las habitaciones interiores aquel alto dignatario de la iglesia, sin mirar siquiera a las pedigüeñas, puestas en pie a su paso. Entonces el joven lindo dijo, en alta voz:

—Se terminó por hoy la audiencia —y se acercó a mí, diciéndome: —Me dijo usted que tenía carta del conde...

Presurosa le respondí:

—No, no tengo carta de ningún conde, vengo yo sola... como todas estas...

El barbilindo hizo un mohín despectivo y se apartó, mientras yo me mezclaba con la masa de mujeres tristes y suspironas, que volverían al siguiente día a hacer antesala en aquel palacio...

Pero hay en mi galería, aún, tipos de una mención detallada que surgieron de una visita que recibí y devolví de un miembro de la casa real, con datos que merecen capítulo aparte como en las novelas. ¡Una visita de gente de «sangre azul»!, como repetía admirada la dueña de la casa donde me hospedaba, y a la que repliqué riendo que hacía muchos años que esta sangre empapado había las colas de las hadas y el rabo del diablo, y que el poquitito de ella que quedaba la barrían lentamente las escobas silentes de las brujas.

Y en esta que pudiéramos llamar «mi odisea matritense», toqué una tarde a la puerta de la morada de Ruiz Contreras, el cultísimo escritor y crítico, traductor exclusivo de Anatole France en España, y este hombre bueno, este gran señor por el espíritu y por el cerebro luminoso, me abrió las puertas de su casa y sus brazos paternales, y el corazón de sus amistades. Y llegué otro día hasta doña Carmen de Burgos, esa Colombine angelical que tiene un joyel en el alma, y fui su hermana de adopción y por ella tuve entrada en muchos círculos intelectuales. Y con asombro de los míos, pedí auxilio del masón, republicano y amigo de los obreros revolucionarios, el escritor y abogado Eduardo Barriobero y Herrán, y puso a mi disposición sus influencias, su pluma, su amistad. Y Valero Martín fue mi mejor amigo valedor. Y Torrubiano y Ripoll —hoy excomulgado— me tendió su mano de amigo leal y en su mesa tuve un sitio entre su esposa y sus hijos.

¡Católicos y monárquicos españoles que aún desde allí reprocháis mi liberalismo: yo toqué a vuestras puertas y las cerrasteis frente a mi dolor; os pedí agua para mi sed, y le echasteis la sal de la incomprensión; os mostré las llagas de mi alma, y las quisisteis cubrir con la ceniza hipócrita de la resignación, para no atormentaros con su visión....! ¡Puertas de danzarines ornamentadas con la cruz y el blasón, yo iré diciendo por los caminos a los hombres dolientes, que no osen llegar hasta ellas mientras sientan latir el corazón!

*El Día*, Montevideo, 31 de julio de 1925.

# La garra

Subí de prisa los escalones del tercero «sin ascensor», de Espejo, 16, en Madrid, donde estaba la redacción de la revista en que trabajaba, y me recibió arriba un empleado diciéndome asombrado: «El príncipe de Baviera ha venido a visitarla». En el último escalón de la escalera me quedé quitándome despacito los guantes, mientras venían los compañeros a bromear a propósito de la visita. Me llamaban la Cenicienta, visitada por el príncipe, reíamos todos y reconstruí hechos. El 25 de noviembre había pronunciado yo un discurso en la Universidad Central, en un mitin sanitario, que organizado por varios intelectuales se celebró bajo la presidencia del príncipe Luis Femando de Baviera, y había tocado un tema atrevidísimo para exponerlo en Madrid, en la universidad y bajo la presidencia además de un miembro de la casa real, como lo era el príncipe citado, por su matrimonio con la infanta Paz de Borbón tía del rey. Había tratado yo en mi discurso del «Divorcio como medida higiénica» y había pedido su implantación en España. Hablaba en aquel mitin, entre otros intelectuales, el escritor Azorín, y me indicó que le parecía muy avanzada mi proposición para el ambiente español. «El divorcio —me dijo— es algo fuerte para nuestros oídos». Sin embargo y con gran asombro mío, el príncipe se sentó a mi lado y me dijo entusiasmado que no creía que las mujeres españolas —él es alemán— estuvieran tan preparadas. «Yo creí que todas eran unas muñecas de tocador» —me declaró sonriente. Suplicome entonces que fuera a visitarlo, y como yo no había ido, comprendí que su presencia en la calle del Espejo, rompiendo todas las costumbres protocolarias, obedecía sin dudas a un fuerte deseo de tratar de cerca a la primera mujer española a quien había escuchado candentes palabras en queja de su vida social dentro de las leyes actuales.

A los pocos días recibí una carta dándome cita en el palacio de la Cuesta de la Vega para el día siguiente. No me atreví a desatender la nueva llamada, efectuada ahora de modo preciso, por las circunstancias especiales que rodeaban mi vida, que me aconsejaban no desafiar a los poderes públicos, y fui por fin al palacio donde me esperaban los príncipes de Baviera. Entré en el salón y el príncipe alemán, doctor en Medicina y muy campechano de carácter, se levantó para presentarme a su esposa. Estaba de visita el obispo de Cuenca y al tocarle el turno a su presentación, el obispo puso a la altura de mi boca su mano con guante y el anillo obispal encima; yo bajé su mano con la mía, estrechándola socialmente, y ante la mirada interrogante de la princesa, dije con acento ingenuo: «No es costumbre en mi país... prescripción facultativa...». «Son extrañas las costumbres canarias» —murmuró la princesa— y luego añadió «amablemente»: «Para nosotros, los de la península ibérica, los isleños son casi extranjeros». «Exactamente» —contesté convencida...

Nos sentamos y el príncipe, afectuosísimo, me dijo: «Me he informado con respecto a usted; sé que va a editar un libro de poesías y por eso la hemos hecho venir aquí, para que usted nos lo dé, yo le pondré un prólogo y nosotros se lo editaremos, etc.». Yo agradecí formularia, y empezó entonces un interrogatorio en toda regla de parte del obispo, ayudado a intervalos por la princesa Paz. ¿Por qué estaba yo en Madrid?, ¿de qué me ocupaba?, ¿de qué había hablado en la universidad? Comprendí que el príncipe, en su simpatía hacia mí, había dibujado mi silueta muy someramente, presentándome como una poetisa sin capital a la que él deseaba ayudar. Me miraba suplicante, mientras los otros continuaban informándose de mi personalidad. Entraron durante la visita dos sacerdotes más, a quienes la princesa me presentó así: «El confesor de mi esposo» —dirigiéndose a uno. «Mi confesor» —señalándome el otro. Yo me levanté. En Madrid hay ciertas predicciones sobre «tres curas juntos», y en el salón había ya cuatro... Me fui, encargándome el príncipe con gran interés que volviese al día siguiente con mi libro de versos.

Yo volví, en efecto, para darle al príncipe alguna explicación, porque mi libro lo tenía en su poder mi amigo Cristóbal de Castro, quien me lo estaba prologando. Pero prefería encontrar solo al príncipe, que me parecía una buena persona. Me recibió, en efecto, y en cuanto me vio me hizo pasar a un gabinete interior. «Es horrible lo que me pasa —me dijo—. Me prohíben que le prologue el libro, que se lo edite, que la ayude en nada, ¿y sabe usted por qué?, ¡porque se atrevió usted a hablar en la universidad sobre la implantación del divorcio...!». Yo me quedé asombrada, pero no respondí. El anciano, en el colmo del furor, siguió hablando: «Estos Borbones son insufribles, rodeados de curas continuamente, me cercan, me acosan, cortan mis ideas liberales, y no me dejan respirar. No puedo salir de paseo, señora, sin que me vigilen; solo no salgo jamás. Yo, que en Munich visito enfermos pobres y hago una vida independiente, aquí no puedo ver el sol libremente. Ahora, por la amistad con usted, me vigilan, me importunan...». El viejito se echó a llorar y llevándose las manos a la cabeza cana exclamó: «¡Yo quisiera ser un pastor». En aquel momento, en que sentí verdadera compasión por aquel hombre, que al llegar a la senectud se encontraba sometido a tiranías absurdas, por una de esas impresiones inexplicables, cruzó sin embargo por mi mente, haciéndome estremecer de infantil regocijo, la visión de un príncipe de opereta, sollozando, vestido de damasco escarlata, ante la graja del campesino que con la florida cayada en la mano le responde con una romanza pastoril...

De pronto, por la ventana fronteriza se asomó una cabeza; era un sacerdote. Cuando miramos hacia él resbaló en la sombra del corredor. Luego, en la cortina estremecida de la puerta, adivinamos otro observador. Después cruzaron por el fondo dos sacerdotes, que hablaban entre sí haciéndose los distraídos, saludándome al pasar. A poco se acercó un cura viejito, preguntándole si quería salir en «auto» aquella tarde o no, para despedir al chofer. «Pretextos —me dijo el príncipe exasperado. ¡Estos curas me van a volver loco!». Yo quise consolarlo. «¿Y su hijo?» —le pregunté refiriéndome al príncipe viudo de la infanta María Teresa. —«Es lo mismo que todos... ¡es otro Borbón! Todo aquí es de ellos; el dinero, las influencias, el poder... Yo no tengo nada; sin embargo soy un hombre libre al que temen, y por eso lo rodean y lo ponen en ridículo convirtiéndolo en un muñeco. Mi capital ha sufrido una quiebra enorme y estoy sometido a mi mujer. En la corte de España, señora, quienes mandan son los curas, los obispos y sobre todo los jesuitas. ¡Ha vuelto para España el poder negro, la tiranía durísima!». Luego, muy conmovido añadió: «Yo haré por usted lo que pueda, que es muy poco. Pero cuando usted, como me ha dicho, se vaya a América, no se olvide de su patria oprimida... y acuérdese también de mí, como un personaje para un cuento...», y sonrió tristemente. Me despedí diciéndole: «Es cierto, señor, aquí se hace imposible la vida; yo me iré muy pronto a un país donde haya luz y libertad». Me acompañó hasta la puerta y tras ella sentimos un revolar de faldas; eran dos curas, que sorprendidos desaparecieron entre el murmullo de sus telas... «Lo ve usted —me dijo aún el príncipe—. ¡Van siete esta tarde! ¡Esta persecución me trastorna!».

Yo salí del palacio con la impresión de que un bicho de mirada rojiza me sujetaba el cráneo con su garra. Paseé un rato y bajé por el viaducto.

Al siguiente día, yo escribí a un familiar mío que estaba en Toledo, este grito de alarma: América nos llama con voces clamorosas. Desoírlas sería suicida. ¡Es preciso partir!

Desde aquel día yo me sentí cercada, perseguida. ¿Era verdad?, ¿era mentira? Cuando se ve en el campo la carroña, al momento sentimos el olor nauseabundo. ¿Lo sentimos, o somos presa de la imaginación? No importa. Lo único cierto es esto. «La carroña está allí».

Los últimos días de Madrid fueron atroces para mí. Las dificultades para salir de allí se amontonaban, haciéndome vivir en pesadilla, y por las noches, al mirar el cielo, veía tras la luna un tricornio, una mitra, un fusil...

Luego el mar, libre, limpio e inmenso de la ruta de América. ¡Y aquí, la libertad!

*El Día*, Montevideo, 7 de agosto de 1925.

# Por las españolas

Pocas mujeres en el mundo habrán recibido más homenajes que las españolas. Los poetas las han cantado como a ninguna mujer de la tierra; los escritores han vaciado sus tinteros llenos de frases alabanciosas y ditirámbicas en las albas cuartillas acogedoras, y al teatro han llevado la atrayente figura de la española; al pentagrama música de su garganta; y al lienzo sus carnes admirables, la luz de sus ojos incomparables, y la gracia inimitable de su expresión. Los poetas, los músicos, los pintores, los artistas de todo género, han visto en la española algo distinto de las demás mujeres, y para ella han bordado soberbios mantones, con hilos de sol y pétalos de flores, los indígenas filipinos, y para ella enviaron sedas policromas los chinos de Pekín, y hasta creo que para ella se hincharon en los surcos de la tierra sevillana las semillas de los claveles, y salieron más reventones, más rojos y más perfumados, pensando en que iban a ser colocados sobre el busto soberano de la española...

Pocas mujeres en el mundo, lo repito, habrán recibido más homenajes que las españolas. Todos los hombres que piensan se han ocupado de ella, ¡todos... menos los legisladores! Y se me ocurre al momento la idea de si los legisladores no han querido pensar determinadamente, o si son hombres que no piensan...

La española, que es la mujer más celebrada, es al mismo tiempo la más desgraciada, y acude a mi pensamiento en este momento, que la mujer mora, árabe, turca, etc., que asimismo se han visto muy cantadas por los poetas, han sido, no obstante, las más esclavas y abandonadas. ¿Será que solo lleva a los hombres el rendir homenaje a la mujer en estado de inspirar compasión? ¿Será, entonces, que el homenaje es una limosna? Pues preferible nos debe ser —queridas hermanas mías, españolas de la España irredenta— recibir menos pleitesía y ser más felices; contar en el álbum poético de la historia con menos páginas, pero no tener, en cambio, la vida trunca, prisionero el pensamiento y retorcida la voluntad.

En España la mujer está sometida por entero a dos tiranías: el clero y la aristocracia. Y están sometidas hasta las librepensadoras y las que no son aristócratas. ¿Pero qué hacerle si el oponerse a esta dominación absoluta equivale a verse desamparada y sin ayuda oficial ni moral alguna? ¿Qué hacerle si las leyes la abandonan en absoluto y les cierra la costumbre todas las puertas? Es lo mismo que el anhelo de libertad que pueden encerrar en sus pechos un grupo de varios hombres de elevado corazón y mentalidad superior, para la nación que desean salvar, que estando dominada por el militarismo y la censura, impidiendo la propaganda y el proselitismo, tendrán que resignarse, hasta que llegue el momento oportuno de vencer o morir. Así la mujer española se somete y espera… ¿Llegará para ella la hora de la liberación? Creo que deben ser simultáneas la libertad de la nación del régimen que la oprime, y la liberación de la mujer de las leyes que la convierten en una esclava.

Preciso hablar extensa y claramente de la mujer española, la más buena de las mujeres, la más casta de las esposas, la más apasionada de las madres... Yo, que sé de la mujer española esclava de sus sentimientos, oprimida por leyes bárbaras, y sujeta a la burla y la rechifla cuando quiere reclamar sus derechos, convencida como estoy de que sus espíritus fortísimos merecen que llegue para ellas el día de la liberación más completa, he pensado siempre en una campaña a favor de la mujer española, tendiendo a unir espíritus que ayuden a liberarla, en un intercambio de ideas y de opiniones, para que la mujer uruguaya sepa cómo sufre la española, y esta conozca las supremas ventajas de consideración y respeto de que disfruta la uruguaya. Porque, ¿cómo no ha de interesarse la mujer uruguaya por la española, cuando de aquel suelo vinieron sus abuelas?, y si estas han podido emancipar a sus hijas, sus hermanas de España tuvieron que continuar viendo a su descendencia llorar eternamente, sobre un suelo fecundo y hermosísimo, por culpa de los gobiernos defectuosos, del engranaje administrativo deficientísimo, y de las leyes férreas, rigurosas y medioevales que las rigen.

Muchas son las mujeres que en España se mueven impulsadas por el noble afán de redimirse y redimir a las demás del incalificable abandono en que los Códigos las tienen; y muchísimas las que, sino de acción, con el espíritu nomás, siguen anhelantes y esperanzadas, todos los movimientos de la opinión a favor de sus justas aspiraciones. ¿Pero qué sacan esas mujeres valerosas, como la incansable feminista doña Carmen de Burgos, por ejemplo, dirigiendo un grupo de mujeres activas, enérgicas e inteligentes, aunque luchen denodadamente en pro de un ideal de liberación, si se encuentran que para edificar les faltan los cimientos de la educación femenina, y para plantar no tienen preparado el terreno, ni con el abono de las ideas, ni con la ayuda de los hombres dirigentes? ¡Mérito inmenso tienen esas mujeres valerosas! ¿Pero qué consecuencia práctica sacan de su esfuerzo?

Cuando en España concedieron el voto a la mujer las almas libres nos estremecimos de terror, al comprender que así como la primera concejal del Ayuntamiento de Madrid lo ha sido la ridícula seudoescritora María de Echarri, vulgar sacristana sin grandeza, lo mismo ocurrirá en todos los casos en que la mujer simule avanzar un paso en los derechos cívicos, que si las mujeres retrógradas son las que se apoderan de los puestos que al feminismo se concedan, irá el país hundiéndose cada vez más en el fanatismo y en el orgullo de clases, en la opresión de las conciencias y en el despotismo ambiente, que separa con barra infranqueable la familia de abolengo, de la que se eleva por el talento y el trabajo. Porque el voto de la mujer será del confesor y el confesor lo dispondrá para aquellos mandatarios que no voten ni promulguen leyes contrarias a su poder omnímodo, ejercido en la sombra, tras la disimulada reja del confesionario.

Y es por todo esto, por lo que en las almas honradas se levanta un impulso de ira ante solo el nombre de la «Liga contra la trata de blancas», y sus múltiples reuniones en el palacio de la vieja farsanta infanta Isabel. ¿Qué más trata de blancas que el matrimonio español? Matrimonio sin defensa, sin solución, sin esperanza en el caso de una equivocación fatal. ¿Qué mejor defensa de la mujer que libertarla de ese yugo sin salvación posible que la agobia, sin que una queja pueda salir de sus labios porque nadie la ampara contra el puño brutal del que es marido y amo «eternamente», ante el Registro Civil y los libros «sagrados» de la iglesia...

La mujer, que es madre en esencia, desde que en la primera infancia juega ya abrazada a su muñeca, tiene en España siempre ante los ojos la visión espantosa de los hijos. En primer lugar, si una enfermedad aqueja al marido, por horrible, por inmoral, por contagiosa que sea, la mujer, en España, no tiene derecho al divorcio porque no existe, ni a la separación de cuerpos siquiera, porque la ley no encuentra motivos en una enfermedad; ni puede negarse al procreamiento de nuevos hijos, porque la mujer es la esclava, la víctima, el mueble, el objeto, comprado o adquirido en forma tal de posesión absoluta, que si una mujer casada se niega a hacer vida de hogar con su esposo, este tiene derecho a reclamar el auxilio de la justicia, y una pareja de la Guardia Civil se apoderará de la esposa y la llevará presa hasta la casa conyugal, donde quedará sujeta al poder omnímodo del marido. Solo puede pedir la separación de cuerpo en el caso en que pueda probar que es castigada por el esposo, para lo que ha de tener testigos. ¡Como si los trágicos dramas ocurridos bajo la garra del sadismo o la crueldad marital, en el oscuro silencio de la alcoba, pudieran tener fácilmente testigos! ¡Como si los testigos no tuvieran la cobardía suficiente para no prestarse a declaraciones difíciles y comprometidas, y no supiera la mujer española, por triste experiencia, de las deserciones de los amigos leales cuando se precisa su verídica declaración, o la honrada impresión de la observación cotidiana...!

Negra y oscura trama en que se mueve con la lenta desesperación de un cautivo la mujer en España. ¡En

España la riente, la blanca, la clara! ¡Yo te prometo, mujer española, contar tus dolores más íntimos, poniendo el borrón más dilacerante en la página de versos, de flores, de guitarras, y panderetas, que la historia te dedica por medio de los hombres, que te cantan viéndote con la carnal mirada, pero sin penetrar en la esencia de tu alma, con la retina de la «verdadera» y espiritual visión...!

*El Día*, Montevideo, 16 de agosto de 1925.

# Causa noble I

Prometí ocuparme extensamente de la situación de la mujer española, y despreciando las réplicas de los grillos y demás alimañas de poca monta, seguiré mi camino, trazado sobre un plan de defensa de la mujer de mi patria, oprimida por leyes injustas.

Considerando que la causa de la mujer española no es ya únicamente de feminismo, sino de humanidad, me propongo escribir una serie de artículos sobre este asunto, con la autoridad que me da, primero, el haber vivido en altas esferas de intelectuales, legisladores y gobernantes, los cuales me proporcionaron con sus conocimientos de la causa materia más que suficiente, para que pueda sin peligro de errar, dar todos los datos necesarios y justificativos del espantoso medio ambiente en que se desenvuelve la mujer española; segundo, porque conozco muy a fondo las leyes españolas, que son oprimentes para la mujer, como, si en vez de ser ella generalmente la más buena, fuese la criminal a la que hay que someter por la tiranía más absurda; y tercero, porque habiendo viajado por casi todas las provincias españolas, y conociendo íntimamente muchos hogares y pueblos enteros, he visto mucho llanto, y mucha desolación en almas femeninas, y como es notoria estupidez el dar patentes de caballeros andantes a los hombres que componen toda una nación, la mujer no tiene amparo alguno, cuando no ha tenido la suerte de tropezar con Don Quijote.

Una prestigiosa escritora española, doña María Valero de Mazas, que es una de las mujeres casadas más felices que he conocido en mi vida, escribe en un libro que tengo a la vista, titulado *Pequeñas y serias cuestiones sociales*, el siguiente párrafo: «La vida es misión y dolor: y por esto, las que hemos conseguido nuestra "dicha" debemos tender los brazos y abrir el sagrario de nuestro corazón a las hermanas oprimidas, vejadas y martirizadas, por apaches de blusa o de frac flamante... ¡pero apaches al fin!», y más adelante dice: «Porque no necesito leyes, las pido denodadamente, para las otras que sufren hambre y sed de justicia en su abandono "incalificable"».

Estos párrafos, que entre muchos escritos de autorizadas plumas españolas escojo, demuestran que no es, como algunos piensan, queja de los descontentos, la queja contra el tiránico régimen español, sino que los hombres y las mujeres de talento, los verdaderos intelectuales, los jurisconsultos de conciencia, se estremecen ante el pavoroso presente en que la vida de la mujer española se desenvuelve.

Cerrado aquí este exordio, que considero oportuno, veré de desarrollar lo más concisa y claramente posible las causas del atraso (del «gran atraso» intelectual y de todo género) en que está en España la mujer.

Si empieza por creerse que la mujer analfabeta es signo de progreso en una nación, entonces no hay nada que reprocharles a los gobernantes que no se han preocupado en España, no ya de las Hurdes y de las desoladas regiones del valle de Arán —cuyos espantos detallaremos también en estos artículos—, sino de otras regiones más en contacto con las grandes capitales, donde la escasez de escuelas, lo mal organizado de la enseñanza, y el abandono con que a la mujer se trata en España, son la causa de que la mujer de los campos no sepa ni leer ni escribir en su mayoría. Y esto, no así, a «humo de pajas», la certeza de quien, como yo, puede poner los puntos sobre las íes, conociendo detalladamente pueblos grandes como Quintanar de la Orden, Villacañas, Ciudad Real, Medina del Campo y muchos otros, que he visitado con detenimiento, pueblos grandes de diez, de doce y dieciséis mil habitantes, en los que he recorrido sus fábricas y sus talleres; pueblos por los que he viajado además llevada por un problema feminista, puesto que yo era miembro de la Liga de Mujeres Ibero-Americanas, y en aquellos pueblos la mayoría de las mujeres —pero una mayoría exorbitante— no sabía leer, y pude además observar cómo trabajaban en los viñedos, en los olivares, y en los talleres (como los magníficos talleres de encaje de Almagro, por ejemplo), donde las mujeres están sometidas a un trabajo agotador, con un salario mucho menor al del hombre, en una proporción de irritante desigualdad. Y tampoco soy yo sola la que digo esto, que es producto de mi observación, sino que según datos publicados en Madrid durante los últimos meses de mi permanencia en España, por el incansable humanista Fernández de los Ríos y el líder socialista Manuel Llaneza, en las minas de Río Tinto, Asturias y León, rindiendo las mujeres un trabajo superior al hombre en una proporción de un treinta y cinco por ciento, ganan en cambio, ¡espanto da el pensarlo!, tres veces menos que el hombre. Pensemos con angustia en esas mujeres, con las debilidades, molestias y sufrimientos propios de su sexo, encorvadas en un trabajo aniquilador, para llevar a sus casas un salario mínimo.

He visto en Madrid los comercios magníficos de ropas de señoras cuyos bordados a mano pueden competir con los mejores de París. Trabajan allí mujeres, muchas de ellas señoritas de nacimiento superior, huérfanas algunas de coroneles y catedráticos, cuyas exiguas pensiones no bastan para sostener una familia, y tienen estas mujeres que trabajar, bordando y calando día y noche, sobre un telar que encorva su pecho y lo prepara para una no lejana tuberculosis y, terminadas las ocho horas del trabajo, se encuentran con que solo han ganado una peseta o cuando más, dos, o dos y media, que son veinte, cuarenta y cincuenta centésimos del Uruguay, respectivamente, y que no les alcanzan para pagar la tercera parte de lo que pueda costarles la habitación en que viven ¡y eso después de ocho horas de tener la espalda dolorida y doblada sobre el telar!

Una sirvienta de familia de la clase media cobra en Madrid por hacer todo el trabajo de la casa, de tres a cinco duros mensuales, y una cocinera de casa rica, que cobra nueve o diez, es considerada como una capitalista entre sus compañeras. Imaginemos también lo que significa el trabajar todo un mes haciendo los servicios más molestos, para encontrarse al cabo de él con que su salario no le alcanza ni para comprarse un par de zapatos.

Y si fuera a continuar hablando de salarios risibles no acabaría muy pronto, apuntando sin embargo como último dato, que la ropa militar se paga por contrata a dos pesetas «la docena» de camisas, y así sucesivamente pues todo el trabajo femenino está pagado mezquinamente en España.

Y mientras tanto, por las almas honradas pasa un estremecimiento de angustia indefinible ante un cuadro mil veces repetido... Ved: es en Madrid, en Barcelona, en Bilbao, al caer de una fría tarde invernal... por la calle camina tristemente una señorita empleada de un comercio cualquiera. En su mano, amoratada por el frío, aprieta, nerviosamente, los escasos céntimos del diario jornal, mientras su mente se agobia pensando en el reparto que hará de él en la helada noche para alimentar debidamente a la madre anciana, enferma tal vez, y a los hermanitos pequeños. Es virtuosa, es buena... pero en las tinieblas la acecha la tentación, y en la húmeda sombra de la noche, con paso de culebra, silencioso y cauto, el despreocupado conquistador callejero la persigue a despecho de la Liga contra la trata de blancas. Lleva en la boca una promesa mentida, y en la mano un puñado de billetes... ¡La eterna y triste historia! Dilema trágico entre la virtud y la miseria apremiante. ¿Y con qué armas se defenderá esa niña virtuosa?, ¿con su sola honradez? ¡Ah!, no pueden hablar así las que desde la fortaleza de la comodidad y la fortuna ven fácil el triunfo de la virtud. Podéis asegurar que solo es fácil desde las páginas de la «Novela Rosa». ¿Pero en la vida real? En la vida real, es triunfo de heroínas, cuando no hay preparación cultural y, sobre todo, cuando no se ampara el trabajo con sueldos suficientes, y toda la esperanza se borra quedando solo hambre y miseria, como panorama y porvenir.

*El Día*, Montevideo, 9 de septiembre de 1925.

# Causa noble II

En el artículo anterior comentábamos lo mal retribuido del trabajo manual de la mujer española con la gran injusticia de ser pagada en las fábricas y en los talleres, con salarios mínimos comparados con los del hombre, aunque rinda beneficios superiores en ocasiones. Lo que demuestra, sin duda alguna, que es considerada de modo inferior, ya que la verdadera justicia sería pagar por rendimiento de trabajo en lugar de por diferencia de sexo, causa sin fundamento alguno manifiesto cuando de probar facultades se trata.

La mujer española, que tiene la inteligencia máxima de la mujer mundial, es una de las más atrasadas hoy en el concierto de las naciones civilizadas y cultas. Esto está dicho de una manera general. Las excepciones no hacen más que confirmar la regla. Siglos hace que las gentes que entienden el amor a la patria, por estúpida e incomprensiva patriotería, nombran cuando de estas cuestiones se trata, y como traídas por los cabellos, a Isabel la Católica, María Pita, Agustina de Aragón, Concepción Arenal y unas cuantas más, nobles mujeres, con las que hacen una especie de ensalada de nombres, para probar a los ignorantes como ellos, que en España ha habido muchas mujeres notables, «a pesar» del régimen. Pero a un niño de diez años se le alcanza el atraso que significa que en 1400 hubiese una reina como Isabel I que tenía talento para gobernar un reino, y que cuatro siglos más tarde otra reina Isabel no tuviese dos dedos de frente para gobernar y abandonase la dirección del Estado español en manos de una monja histérica, unos cuantos curas listos y algunos favoritos ardientes...

Naturalmente que esto no es una razón absoluta, si se considera únicamente el caso concreto, pues que puede muy bien, después de cuatro siglos de existir hombres de talento, nacer unos cuantos idiotas; pero este ejemplo que he puesto de manifiesto de las dos Isabeles reinas no es más que un símbolo tendiente a demostrar y poner en evidencia el caso de excepción, y si este nos da gloria y lo recordamos con amor, la generalidad que no se le parece tiene que parecernos denigrante, y más que denigrante, triste. La mujer en España ha estado siglos sometida al régimen que preconizó Fray Luis de León en *La perfecta casada*, de «la pierna quebrada y en casa». No puede darse crueldad mayor que este aforismo. «La pierna quebrada...», es decir, tan inmóvil la mujer dentro de su casa, como si tuviese una pierna rota... No se puede llevar a más alto grado el espíritu mahometano que guió a este fraile a opinar en forma absurda sobre leyes de moralidad, puesto que para ser honrada, para ser leal a su marido, era preciso que permaneciera en casa como si tuviera las piernas quebradas, que significaba desde luego la poca fe que se podía tener en las mujeres casadas que él había conocido, o un afán de martirios chinos, indicador de un espíritu no muy galante. Sentadas las bases de moralidad en esta forma, y desde mucho antes que fray Luis lo dijera, puesta en práctica, fácil es comprender la vida oscura que ha llevado durante muchos siglos la mujer española: de quietud y vagancia la de clase elevada; de trabajo de esclava la pobre, por no poder obtener salarios adecuados al beneficio que rendía con igual provecho y muchas veces con más inteligencia que el hombre. Este espíritu de rutina, que ha obligado a los legisladores a no permitir el arreglo del Código español, ha sido también la niebla espesa que ha envuelto las costumbres, impidiendo que la mujer española, mejor predispuesta para la cultura que ninguna, por el talento nativo que posee, y la facilidad de asimilación, no haya penetrado aún ampliamente en las universidades y los institutos, con los siglos de cultura que tiene España, enfrentándose en cambio con la pléyade de mujeres recibidas en distintas carreras que ostenta el Uruguay, por ejemplo, con solo cien años de nacionalidad independiente. Son incontables las mujeres uruguayas que son médicas, abogadas, ingenieras, arquitectos, farmacéuticas, hay también escribanas, sin nombrar las carreras ya más usuales de maestras de escuela y normales, profesoras de obstetricia, etc., etc. En España se acaba de recibir ahora la primera abogada... ¿Y por qué es esto? Porque el régimen español, unido a la iglesia, y dando a los curas, sin ilustración y con los mismos estudios que en tiempo de los primeros seminaristas, el poder máximo sobre las conciencias, ha hecho creer a la familia que la cultura separa a la mujer de su hogar, que los estudios la masculinizan y que la mujer cristiana y buena debe suprimir de su mente toda idea de liberación.

Para considerarse muy mujeres, aspiran solo a ser cantadas por los poetas cursis en forma de *flor ligera que el viento deshoja, de hada que la noche esfuma, y de inocente tortolilla que el cazador aprisiona*, ¡pero, ay, hermanas mías!, como el poeta, por muy enamorado que esté de la fragilidad, de la virginidad, de la diafanidad y de otras cosas tan deleznables como estas, no puede mantenernos cuando se muere nuestro padre o nuestro marido, ni resuelve con sus inocuos poemitas la vida triste de una mujer sin capital, es necesario que dejemos la flor en el florero, el hada en el bosque y la tórtola cada vez más ingenua en la jaula, para decidirnos a que la cosa cambie un poco de aspecto y seamos personas de una vez, aptas para gozar el sol y el aire, propicias para recibir un homenaje, agradecidas ante el rendimiento y la cortesía, pero capacitadas también para conquistarnos el pan y el sol, cuando la galantería no llegue a tiempo, o los homenajes se equivoquen de puerta.

Ved este párrafo tomado de un discurso dicho por Alejandro Bher en el Ateneo de Madrid el 12 de mayo de 1919: «Los hombres, todos, más o menos detenidamente, han pensado en el feminismo. Y los que no han pensado, van a pensar ante la súplica sensata de la mujer. La mujer ha vivido hasta hoy de la ternura del hombre que hizo de ella un sagrario. Hoy hasta el espíritu de galantería huye de nuestros coterráneos, fustigado por inexorables leyes económicas, y digámoslo claro, hostilizado por la levedad casi cruel de nosotras mismas. ¡La señorita! Ese maniquí bonito que se avergüenza de vender guantes o enseñar matemáticas y no se avergüenza de traicionar su corazón jurando amor a un hombre de quien no ama sino la exigua paga que ha de obligarle a criar hijos anémicos... etc., etc.».

Luego dice: «¡Oídla, atendedla! Que ella os cuente que es inútil, que es nula, solo por el "bien parecer"... ¡Y vosotros, los fuertes, ved que el mal está en el concepto anacrónico de ese "bien parecer", absurdo y destructor! Decidla vosotros, los rondadores, los amantes, los hermanos, los padres, que en el mundo hay algo más que hacer que deshojar la margarita...».

Y esta idea, latente en España en todo ser de intelectualidad suficiente para penetrarse del estado social de la mujer, la destruyen los sacerdotes en el sermón y en el confesionario y la aristocracia española cerrando sus puertas a la mujer ilustrada, que se libera de la miseria por medio del trabajo.

Risa da el leer la recepción última del Palacio Real, recibiendo en ella a algunos intelectuales como Benavente, Carracido, etc., porque conocedores de toda esa trama que la política española quiere desarrollar, comprendemos la «dedada de miel» que quiere darse a los intelectuales en el momento actual. Pero sabida es la diferencia de clases que existe en la sociedad española, y el desprecio con que en ciertos círculos es mirada la maestra de escuela o la profesora de música o idiomas, que lucha en España contra la incomprensión y la tiranía de la mujer aristocrática que envuelta en prácticas de un misticismo hipócrita, separa sin embargo al pasar su falda de seda de la modesta ropa de la institutriz.

La iglesia y la aristocracia, dos garras fortísimas del régimen actual español, han sujetado hasta ahora las manos de la mujer española, levantadas para tomar el libro que les traiga la liberación, evitándole el triste porvenir de la viuda o la huérfana, que recogida por el pariente rico a la muerte del jefe de su hogar, se pasa los días esperando de la liberalidad de sus favorecedores, la limosna de una reposición para un traje usado o unos zapatos rotos. La aristocracia y la iglesia han sujetado con fuertes ligaduras estas manos implorantes. La aristocracia amenazándola con una honda separación entre la señorita que conserva el aroma de su inútil distinción y la mujer que gana su vida con una carrera o un oficio.

Y la iglesia predicando incesantemente contra la cultura y la liberación de la mujer, con el miedo de perder lo que para ella significa el tener en sus manos un instrumento sin voluntad propia, como las conciencias femeninas dominadas por el fanatismo.

*El Día*, Montevideo, 14 de septiembre de 1925.

# Causa noble III

Con el paso sereno y el espíritu imperturbable de quien tiene plena seguridad en su conciencia, en su cerebro y en su actuación, llego al término de esta serie de artículos, que, con el justo título de «Causa noble», me había propuesto escribir.

Antes de comenzar este artículo, he repasado todos los demás que he escrito a este respecto, y he podido comprobar lo claramente que he dicho que las mujeres españolas (entre las cuales están las que integran mi hogar nativo y por cierto de gran altura en todos conceptos) son dulces, inteligentes, bellas y buenas, habiendo sido objeto de todos los homenajes, menos de la atención de los legisladores; que la mujer española es trabajadora, apta para todos los estudios y utilísima en los talleres y he aducido las pruebas, los detalles y las cifras que demostraron claramente lo mal remuneradas que están sus actividades. Si pedir para ellas consideración y respeto es atacarlas, entonces, realmente, yo he atacado a las mujeres españolas. Pero lo mismo atacaban a España los intelectos que pedían libertad para una España tiranizada en el reinado de Fernando VII, cuando una gentuza servil y abyecta gritaba por las calles: «¡Vivan las cadenas!»; triste frase de una indignidad monstruosa, que ha pasado para vergüenza de los que la pronunciaron a las páginas de la Historia.

Dejemos a un lado tópicos ridículos y luchemos por la promulgación de leyes generosas que impidan la existencia de inocentes víctimas. ¿Que estas leyes son pocas?, ¡qué importa!, siempre debe haber salvación para los oprimidos, sean los que fueren, como hay en los laboratorios medicinas y preventivos para enfermedades que solo de tiempo en tiempo suelen presentarse en los pueblos, y a nadie se le ocurre decir que no hace falta virus antirrábico, por ejemplo, porque no sean frecuentes los casos de hidrofobia en la ciudad. Se tiene la medicina aunque no haya probabilidades de que exista el mal. ¡Y eso dando de barato, que sean también escasas las enfermedades morales a que nos referimos!

Lo que es preciso decir para terminar estos artículos sobre la causa feminista en España es mucho más importante que lo ya dicho, pero esto no obsta para que insistamos en la escasez de trabajos bien remunerados en que la mujer pueda desenvolver una vida digna: puesto que hasta en las carreras en que se depende del Estado, como Correos y Telégrafos, por ejemplo, solo puede aspirar a puestos secundarios y en ninguna oficina del Estado obtiene más que empleos mezquinos y mal retribuidos. Y lo poco que ha conseguido la mujer en España ha sido en virtud del continuado movimiento que en su batalla incansable dan los feministas; es a fuerza de sentir las oleadas que llegan del extranjero, a fuerza de recibir el empuje de avance de las demás naciones. Y hemos de considerar los siglos de civilización que tiene España, y la cultura de la mujer española, desde épocas pretéritas y lejanas. Materia toda esta más que suficiente, unido a la luz de sus cerebros privilegiados, para que fuera mucho mayor el adelanto que tuvieran en el plan del feminismo mundial, si no fuera por las cadenas del régimen absurdo que las postergan.

«El Código español introdujo recientemente la novedad de facultar a los Tribunales (artículo 171) para suspender o privar de la patria potestad a los que tratan a sus hijos con excesiva dureza, o les dan órdenes, consejos o ejemplos corruptores. ¡Para la mujer no hay amparo!». Continúa hablando la señora de Mazas: «Se la obliga a vivir con el marido aunque tenga otros amores, no siendo que sostenga esas relaciones en el domicilio conyugal, como si así solo fuese duro y denigrante para ella. ¡Dura ley! Se perdona al marido que mata a la mujer culpable de adulterio, si la sorprende in fraganti, y a ella no, en igual caso. ¡Brava ley! Lo mismo se aplica al padre respecto de sus hijas menores de veintitrés años (artículo 438). ¡Salvaje y anacrónico artículo que hace estremecer no al jurista que filosofe, sino al más rudo de nuestros linotipistas de hoy...! Seguir componiendo hoy nuevas ediciones de ese mismo artículo 438, ¡verdad que aterra!...». Y sigue diciendo esta venerable dama: «Preocúpase la ley de que el hombre vicioso no se contamine con las enfermedades del vicio, y no se hace lo mismo con la mujer; ni siquiera con la inocente y pura que con él se casa. Podrá tener hijos enfermos, para que los cuide la esposa, mientras la obligan a vivir con estos hombres, el eufemismo de la ley». En otro orden de cosas comenta: «Las viudas no pueden —siendo instruidas— ganar más que una mezquindad, y se dan buenos destinos a hombres casi idiotas. En cambio las contribuciones las pagan lo mismo naciendo "señor", que naciendo "señora"»..».

Esto y mucho más se ha escrito en España por mujeres dignísimas y se ha repetido en el Ateneo de Madrid, donde para actuar se necesita tener personalidad intelectual reconocida. Y yo que me precio de ser discípula de estas notables feministas españolas, vi a jurisconsultos de nota (entre ellos el exministro Bergamín), subrayar con sus aplausos los irrebatibles argumentos en pro de un feminismo liberador. Y habiendo vivido en medio de este movimiento de reacción ante leyes opresoras, puede escribirse con conocimiento de causa y con altura de conciencia y de corazón.

Hay, desgraciadamente, muchas más «lindezas» que las apuntadas, entre otras: una mujer, a quien su marido abandone, no puede en España alquilar una casa, poner una tienda, ni aun comprar a plazos una sencilla máquina de coser, porque... no tiene personalidad jurídica. Si escribe un libro, no puede dar un poder a quien lo administre. Y conocí a una infeliz señora abandonada en España, que deseaba ir a Cuba con su hijo para atraer de nuevo hacia su hogar y su cariño al esposo infiel, y no pudo embarcarse porque... no tenía permiso marital. ¿Y cómo iba a tenerlo?; pues su hogar quedó deshecho y no pudo moverse de España para ir a reunirse con él. Otra abandonada, que hacía tres años no recibía recursos ni noticia alguna de su esposo, fue llamada desde París por una parienta que la sostendría generosamente y... la mujer casada sin marido tuvo que quedarse en Madrid pidiendo limosna, porque sin permiso marital no podía salir de España. Y, así, uno tras otro, podrían salir los ejemplos, los absurdos, los horrores a que está sujeta en España la mujer, ¡no la que quiere divertirse abandonando un hogar, sino la honrada, la casta, la buena, que se ve abandonada, zaherida o maltratada! ¿Que son minoría?, ¿y qué razón, repito, sería esta? Siempre que la mayoría no quede perjudicada con la amplitud de las leyes, hay que evitar que la restricción haga víctimas. Y como prácticamente está demostrado que estas leyes pedidas no perjudican ni al hogar, ni a la formación del matrimonio, ni a la familia (porque los hombres, si no de derecho, tienen de hecho las libertades, puesto que pueden embarcarse, abandonar, salir y entrar sin que les pidan cuentas), solo pedimos *los defensores de las mujeres de España*, el que tengan lugar favorable, para cuando la desgracia las obligue a acogerse a ellas.

Yo creo que hacer españolismo es esto. Por estos artículos míos, han desfilado y seguirán desfilando pueblos hermosos, hechos interesantes, hombres y mujeres notables, museos, artistas, que de todo esto tiene mi patria en abundancia, y yo me complazco mucho en que mi pluma describa estas bellezas, pero combatiré sin descansar un solo instante, y en nombre de la justicia y de la verdad, las instituciones y los hombres que, maliciosa o equivocadamente, se opongan a que España llegue al esplendor glorioso que merece, y la encaucen por los caminos del desastre. Cumpliéndolo así en esta serie de artículos feministas a que hoy doy fin, he hecho desfilar nombres que honran la intelectualidad femenina española, pero no disimularé mi acerbo juicio a esa primera concejala del Ayuntamiento de Madrid, llevada al Concejo, ¡no por elección popular!, sino por nombramiento directo, María de Echarri, cuya primera proposición fue de tan poca amplitud espiritual como la de suprimir las subvenciones a las escuelas laicas, dejando asuntos de tanta gravedad como los de maternidad o infancias, cuyas cifras de mortalidad aterraron en el año 1920 al cuerpo médico, por ser las más elevadas del mundo civilizado.

Seres así hacen partidismo mísero. Otros hacen patria desinteresadamente.

*El Día*, Montevideo, 26 de setiembre de 1925.

# El feminismo incomprendido

Leí hace pocos días en un periódico unas declaraciones de Alfonso XIII, en las que explicaba que en España no se había concedido el voto a la mujer casada, por no apartarla del hogar y de los deberes de la maternidad; explicación pueril, que levanta en los espíritus dedicados al estudio de los problemas feministas, una enérgica protesta. La opinión de Alfonso XIII es, por desgracia, más importante de lo que parece, no porque la tenga como opinión particular, sino porque esa misma opinión, dado el puesto que ocupa, y la intromisión que en la promulgación de leyes españolas tiene el rey de España, rompiendo todas las leyes de la Constitución, da una importancia trágica a este ideario que de manera tan efectiva pesa sobre la vida de nuestra patria. La idea de Alfonso XIII es además frecuente en muchos hombres de caletre, que continúan viendo las cosas como las vieron nuestros abuelos. La creencia absurda, totalmente errónea, y denigrante además para la mujer, de que esta no debe tener más porvenir que la maternidad, está por desventura extendida entre los retrógrados, que desean anular a la mujer, asignándole un papel puramente procreador y lactante. Muy hermoso el papel de madre, ¡cómo dudarlo!, pero madre pensadora, educadora y dirigente, no madre en el único y estricto sentido de la palabra, pues así poco puede diferenciarse de los irracionales, que alimentan y defienden a sus crías con un instinto muy parecido al amor maternal. A esto dicen los retrógrados, que la madre tiene también el rol de educadora: ¿pero qué educación puede dar a sus hijos una madre sin cultura? ¿Es que creen estos individuos que la cultura de niña casadera que se da en España es la suficiente para *formar hombres*? De ahí es precisamente de donde viene la costumbre de tratar a las madres con mucho cariño pero algo despectivamente, convencidos de que las madres no entienden de los asuntos y de las cosas que entienden los hombres. Muchos de mis lectores estarán cansados de oír a los hijos contestar a un consejo o a una observación materna: —«Mamá, ¡tú no entiendes de estas cosas!». —«No digas disparates, madre; de lo no se sabe no se debe hablar», y otras contestaciones por el estilo, con las que se deja muy mal parada la autoridad materna y la altura intelectual que toda madre debe tener dentro del hogar. Sabido es ya, y el ignorarlo es señal de falta de cultura, que la experiencia, por sí sola, suele ser débil. Lo que se ha visto, si se ha visto con gafas ahumadas, no puede quedar en la retina con la intensidad que queda lo que se ha contemplado con toda claridad. Una experiencia que da lo torcidamente comprendido, triste experiencia es; la experiencia que dejan las equivocaciones sirve más para turbar que para iluminar la vida. En cambio, la experiencia que queda de lo que vio y contempló el espíritu depurado y culto es ciencia fortísima, incomparable y verdadera, que ni los libros pueden dar, ni todas las reglas pedagógicas del mundo igualarán jamás. La mejor madre, pues, debe ser la más culta; precisamente por eso, porque tiene en su mano la educación de la humanidad futura, es que no debe recibir en su infancia semillas del fanatismo, de la superstición, del apocamiento o de la indecisión, porque esas semillas pueden enraizar, y, o matan para toda la vida las fuerzas vitales de un hombre, o lo turban y descentran, en forma de malograr su valer total. Sentada queda pues mi afirmación, de que la mujer más culta, más instruida y más preparada para la vida debe ser necesariamente la madre, porque si en la soltera terminan sus equivocaciones y sus rutinas, en la madre se perpetúan en forma de cadena mohosa, que va dejando su suciedad y su herrumbre por los siglos sin fin.

Trataré ahora aunque sea sucintamente, de la concesión del voto a la mujer casada. ¿No da risa a todo espíritu debidamente depurado el tópico estúpido e inservible ya a fuerza de estar manoseado por todos los cursis, de que la madre con derechos políticos desatendería el hogar? Sin duda el hogar perfecto ideado por esos señores de la extrema derecha debe ser la madre atada a la cuna como una mansa cabrita lechera, porque sabido es que toda mujer de sociedad pertenece a juntas, ligas, asociaciones, etc., que la apartan muchas veces del hogar, y que llevan sus iniciativas y actividades a sitios diferentes y lejanos a él. Además, la mujer madre va al teatro, a los conciertos, a veces a los bailes, asiste a diversidad de espectáculos, reuniones y visitas. ¿Por qué la alejaría más del hogar el asistir a una sesión del Municipio, que a una junta en el palacio del Obispo? ¿Qué razón hay para que sea menos madre una mujer haciendo una propaganda política, que haciendo un rifa para levantar una iglesia arruinada, o prestando su activo concurso a la tómbola, la *kermesse*, o el concierto caritativo? Ya lo dijo Baltasar Brum en su libro *Los derechos de la mujer*, y yo no me cansaré de repetirlo. Lo que puedan decir unos cuantos señores cursis, o el ridículo en que caigan algunas pedantuelas desorbitadas, no mermará un ápice la razón de nuestras afirmaciones. La mujer madre en el uso de sus derechos civiles, iguales a los del hombre, puede seguir siendo la compañera de este, en mucho más amplio sentido, que sin el uso de esos derechos; puede continuar unida a su hogar por los mismos vínculos, cambiando las juntas inútiles o perjudiciales, por los verdaderamente interesantes para su patria y para su hogar, y será desde luego mucho más buena madre, porque teniendo intervención en los comicios, defenderá mejor los intereses de sus hijos. Muchas de esas sociedades a que pertenece la mayor parte de las señoras solo son objeto de lucimiento y de fomento de la vanidad. En cambio, si esas mismas damas se ocuparan de los intereses públicos, y se votasen por su intervención leyes oportunas, esa misma filantropía y esa misma caridad que tan precariamente ejercen podrían ser atendidas debidamente, por erarios oficiales superiores en generosidad a aquellos de que disponen actualmente.

Mucho más madre es la madre consciente que vota contra el servicio militar obligatorio, que puede arrebatarle el día de mañana a su hijo para morir tomando parte en una guerra arbitraria e injusta, que aquella que, llorando la inercia de su idiosincrasia, le deja partir a sabiendas de que va a pelear por una felonía, sin haber nacido con carácter guerrero ni sentir un espíritu cruel agitando sus arterias.

Votar por la paz, por la enseñanza, por las atenciones debidas a la ancianidad desvalida; trabajar por todas las causas nobles, justas y generosas; defender a los oprimidos, proteger a los débiles, ¡ese es el papel de la mujer en la política! ¿Y quién es el imbécil que se atreve a decir que la mujer perdería feminidad dando su voto por una causa noble, y no la pierde yendo el día de Corpus gritando a voz herida por todas las calles? Naturalmente que se pueden poner ejemplos ridículos, por ejemplo, de la señora que teniendo seis o siete niños acepta un puesto de alcalde o de secretaria del Ayuntamiento y los deja abandonados. Está claro que no debe aceptarlos; pero tampoco debe aceptar un puesto de presidenta o de secretaria en ninguna junta caritativa o religiosa, ni dirigir fiestas sociales ni cosa por el estilo. Para eso está el criterio. (Para eso, y para otras cosas que es un poco cansado explicar al que sea inepto para comprenderlas). Puede sin embargo esta madre no aceptar el puesto que la separe de su hogar, pero debe dar su voto, trabajar por un ideal y educar bien a sus hijos, para que estos, cuando sean hombres, no puedan burlarse de sus palabras, o tomar el sombrero y marcharse a la calle, diciendo: «¡Cosas de la vieja!». Y este será el orgullo que tendremos siempre las mujeres cultas, cuando nuestros hijos aprendan de nuestras palabras en vez de menospreciarlas, nos admiren en lugar de compadecernos, y detengan sus pasos para escuchar a una madre, que ha de decirles seguramente cosas más sabrosas e instructivas, que las que pueden oír en el club o en el café.

Ahora bien: está muy claro el porqué Alfonso XIII y sus secuaces han dado el voto en España a la mujer soltera con exclusión de la casada.

Explicado queda cómo es más interesante que la esposa y la madre vigilen los intereses de su marido y de sus hijos, que la intervención en la política de las solteras, que tienen intereses más reducidos, y más corto campo de conveniencias futuras. Explicado queda también cómo las madres pueden pertenecer a los comicios en la misma forma que hoy pertenecen a otras clases de juntas o diversiones. Sin embargo, el dar el voto únicamente a las solteras es un juego clarísimo. En España, por diez mujeres casadas que confiesan y comulgan, hay noventa solteras que lo practican frecuentemente. Raro es el hombre honrado y de talento, además, que consienta bajo ningún pretexto que su mujer deposite en los oídos de otro hombre los secretos familiares, que le cuente los defectos morales y físicos de su esposo, y tenga un rato de charla íntima y misteriosa con un hombre, que recibe su charla apresurada, emotiva e ingenua, dicha con la inconsciencia de quien va desnudando el alma en la seguridad del secreto. Hombres de estos ya va habiendo pocos. En cambio, en España, la soltera que no espera ya nada del amor es casi siempre devota, y su inteligencia se dobla como de cera ante el confesor. La española, pues, que vota hoy día en España, se puede asegurar que es católica práctica, porque lo son la mayor parte de las solteras. La casada votaría probablemente según el ideario de su marido, y hay muchos liberales y muchísimos republicanos en España. ¡Ese es el peligro!

Risa me da cuando oigo decir que las mujeres con voto lo darán a los retrógrados. Necedad; las mujeres casadas, las mujeres con hijos, las mujeres que saben de la vida, que conocen el valor del dinero y de la sangre, que saben del dolor de la carne y del amor del hijo, votarían las leyes redentoras de libertad, de salvación, de amor... y las mujeres infelices, que reducen su vida a los sofismas que los arteros les proponen, votarán siempre como si fueran blancas corderillas, por la limitada parcela de alfalfa que les ponen delante sus pastores...

*El Día*, Montevideo, 10 de octubre de 1925.

# CON LA FRENTE ALTA

Ha llegado el momento, españoles, de mirar hacia atrás, y destacando nuestras cabezas de la oscura gasa que nos envuelve hasta cegarnos, ver por fin, claramente, sin utopías ni vanos prejuicios, el porqué de nuestra emigración, y el motivo que tuvo la mano inductora que nos colocó en el navío que nos condujo a América. Dejemos las locas alharacas y desentrañemos al fin de jornada lo que quiere decir la palabra «patriotismo» y lo que quiere decir «patriotería». Creo que patriotismo lo hemos hecho los que hemos tratado de hacer ver a los españoles residentes en América, la situación de nuestra amada España, induciéndolos a fijarse en que ellos, que viven en una nación de libertades, no quieren para nuestra patria esas mismas libertades de que tan ampliamente todos nos aprovechamos. ¿Por qué hemos venido al Uruguay los españoles aquí residentes? ¿Por ser una nación retrógrada? ¿Por las prohibiciones o limitaciones de que se rodea al ciudadano? ¿O la hemos escogido, por el contrario, por tener las más amplias concesiones? Sabido es que por esto último es por lo que hemos hecho del Uruguay nuestra patria adoptiva, pues de ningún modo sería creíble que mozos que salen de España huyendo del servicio militar obligatorio fuesen a otro país donde tuvieran que ofrecer el mismo tributo, o que individuos perseguidos por manifestar tal o cual idea política diesen en emigrar a naciones donde se penara por las mismas causas. No, queridos compatriotas. Al Uruguay vienen los mozos para librarse del ominoso e injusto servicio militar obligatorio, y vienen los hombres libres que desean proclamar sin trabas sus ideas, y vienen los que desean luz, espacio y libertad para prosperar. Al escribir yo desde estas mismas columnas a favor de una España liberada y feliz, no se me puede tachar de antipatriota, más que en un plano de injusticia tan determinada, que yo perdono sin encono, porque ni siquiera tiene fuerzas para atacarse. Creo que ha llegado el momento de pasamos las manos por la frente y ver de qué lado está el verdadero patriotismo. La Patria, el alto concepto de la Patria, no está en el gobernante, ni puede estarlo; está en la tierra, en los hombres en general; en el carácter, en la modalidad; en la Historia, en el Arte, en el recuerdo... ¿Es que por no encontrar bien el gobierno actual español se puede ser antipatriota? Lo repito hoy, ya que lo dije no hace mucho. Lo mismo se tachaba de antipatriotas, en tiempo del nefasto Fernando VII, a los que laboraban por su caída, y se hacían aparecer como afectos a España los que gritaban «Vivan las cadenas».

Yo llamo en este momento a mi lado a todos los españoles residentes en el Uruguay, y los invito a repasar conmigo los artículos en que me he ocupado de nuestra patria común. En ellos he enaltecido a hombres y mujeres notables, que eran casi desconocidos aquí, por la falta de verdadero patriotismo, que había hecho callar calores a muchos que podrían haberlos exteriorizado. Por mis cuartillas han pasado muchos escritores y muchos artistas, cuyos méritos yo señalé con el solo deseo generoso de que fueran conocidos en América. Por mis artículos pasaron, como en cinta cinematográfica, donde plasmar quise todas las bellas impresiones que me sugirieron, los campos de Galicia con sus históricas ciudades, Cataluña la próspera, Andalucía la riente, Toledo histórico y soñador, la Mancha, región de mis amores, Canarias, cuna donde mi infancia se meció feliz en un hogar bendito por todas las purezas. En mis páginas quise retratar de Madrid sus adelantos, sus edificios, sus aspectos varios de movimiento y modernismo. Luego hablé de la mujer, de «nosotras», las mujeres españolas, y de ellas dije lo que con todo el amor que siento por mi madre pude decir. Que eran castas, que eran buenas, que eran incomparablemente inteligentes, dúctiles, hacendosas. Y pedí para ellas leyes libertadoras, no porque el hogar en España no sea sagrado, sino porque los pueblos que adelantan según las normas de la civilización deben tener las leyes que precisan por el momento, y las que puedan precisar en un momento dado, como es necesario que haya materia a propósito para caso de incendio en todos los pueblos adelantados, aunque no suela haber incendios todos los días. Yo pido para las mujeres españolas lo que ya se les ha dado a las mujeres uruguayas, y pido, además, lo que propone para ellas el doctor Brum en sus *Derechos civiles y políticos de la mujer* —la igualdad de derechos de la mujer y el hombre— para que no se use de ellos la que no los precisa, pero que los tenga como salvaguardia la que de ellos se encontrara necesitada.

Miente con el descaro de la impunidad, porque yo no he de atacar ni defenderme, el que diga que yo he pedido para las mujeres de mi país otros derechos que los de la más estricta moral. He pedido para ellas la ley del divorcio y la ley del divorcio, y esto se lo digo a todos los infelices ignorantes que ladran por hablar, «no es el amor libre». Jamás defenderé el amor libre, tal como lo entienden los que van tras la pasión sexual cínicamente. Mi espíritu delicado y romántico defenderá siempre el amor «único», como base de felicidad y centro de un hogar por el que he dado la vida gota a gota. Pero lucharé siempre en pro del divorcio, que aleja de los hogares la inmoralidad de besar una mano ultrajadora por temor al látigo restallante de una ley injusta; que ahuyente de las casas honradas el adulterio, y que puede dar el derecho de la felicidad a quien, por una unión desventurada, sufrió unos años el martirio cruento de un matrimonio de vicios y de horror. Protegeré siempre, sí, la idea de que la mujer española que tenga la desgracia de tener un esposo cruel o vicioso pueda liberarse de ese lazo infecto, y encontrar entre los brazos honrados de un hombre bueno la calma de su espíritu angustiado. El hombre en España y en todas partes tiene derecho a la felicidad, fundando otro hogar, fuera o dentro de la ley, porque para él no hay castigo. Para la mujer española que se separa de un marido vicioso y busca la tranquilidad al lado de un hombre intachable, hay unos años de cárcel y la prohibición absoluta de poder «nunca» tener la paz de aquel amor. ¡Y ese es el «amor libre» que yo pido para la mujer española! La rotura de la cadena matrimonial, cuando esta se hace insoportable por la dureza y crueldad de sus eslabones. Y día llegará, y no muy lejano, en que la Iglesia católica admita el divorcio dentro de sus cánones, con uno u otro nombre. Hoy día, en España se anulan muchos matrimonios consumados y los anula el papado, y da derecho esta anulación a contraer nuevo matrimonio. El papa no se atreve a dar a estas anulaciones la palabra divorcio, porque teme la insubordinación de los obispos y jefes de la iglesia, y a estas uniones que quieren disolverse y que vienen precedidas de altas recomendaciones, les da el nombre disimulado de «anulación», como si fuera posible anular lo ya efectuado. Más sencillo es divorciar, cortar, separar lo que ya podrido e infecto tiende a contaminar, que anular, es decir, dar como no hecho, a matrimonios con hijos ya. Hará ahora aproximadamente año y medio o dos años, estando yo todavía en Madrid, fue anulado el matrimonio católico de don Máximo García Koll, ministro de Cuba en España. Este señor, a quien traté en círculos diplomáticos —uno de ellos, el palacio del ministro de Portugal, señor Melo Barreto, mi amigo—, estaba casado hacía 25 años, y tenía de su esposa cinco o seis hijos, la mayor de las cuales estaba casada y vi muchas veces del brazo de su padre. Pues bien: a este señor García Koll se le concedió por el papado la anulación del matrimonio religioso, basándose en que la esposa «se había casado a la fuerza por consejo de su familia», ¡y que hacía 25 años de esto! ¡Y se habían enterado ahora! Y el *ABC* de Madrid publicó la nota del Vaticano, en que daba a los contrayentes «autorización para contraer nuevas nupcias si así lo deseaban», y esto es público.

Luego, ni siquiera los católicos españoles tienen por qué ponerse en contra de mis deseos para la mujer española, que deseo culta y buena y feliz; porque yo no tengo interés en que la palabra sea cívicamente «divorcio». Si no les gusta esto a los patrioteros, llámenla «anulación» y todos conformes, pero que la mujer en España suba un poco en el aprecio de las gentes, que tenga «derechos» así como tiene deberes, y será, por fin, la mujer europea que todos debemos desear. Que la mujer española que se ve abandonada por su marido pueda embarcarse y viajar para donde le plazca, sin necesitar una licencia marital que no puede o no quiere darle el marido infiel. He pedido para las mujeres españolas universidades, cultura, amplitud en sus estudios y carreras. He pedido para España la libertad de prensa, porque así podría quedar más seguro el gobernante, de que su actuación es vista con agrado por la nación. He pedido el servicio militar voluntario, porque no pertenecerían al ejército más que los hombres cuya libre voluntad los llama al ejercicio de las armas. He deseado la República para España en mi libre albedrío de opinar (porque estoy en un país en que este es posible), creyendo que es un disparate el régimen hereditario y todas las demás gabelas y exacciones que pesan sobre un pueblo gobernado por la monarquía.

Todo esto lo he pedido y deseado, sin insultar a los que no piensan como yo, y mereciendo que los que no opinen de idéntica manera expongan sus ideas en contrario, respetando mi libertad de pensar y comprendiendo, además, que mis ideas están de parte del adelanto y el progreso.

Por otra parte, españoles, nada más heroico que nuestro gesto, que nos priva por el pronto de la sagrada libertad del regreso, mientras duren las circunstancias actuales. ¿Qué ventaja puedo yo misma sacar de mi actitud, si no fuera la plena seguridad de que defiendo el bien para mi patria? ¿Que mi pluma es asalariada? Todos saben que tengo «seguridad» de poder ganarme la vida bajo cualquier bandera. A una mujer como yo jamás le falta un pedazo de tierra limpia en que formar su choza. Defiendo la bandera que mi conciencia reverencia, y me he acercado a ella libremente, pensando que es su sombra la que ha de darle sombra a mi cabeza. Creo que España necesita otro régimen, otras leyes, otro Código, y eso he de decir, aunque yo me vea, como hoy, separada de aquellos centros que se dicen españoles, a quienes di un poquito de gloria un día con mi modesta palabra. En el Club Español hablé por primera vez en el Uruguay, y esa noche habló de mí con entusiasmo su presidente, y vinieron muchos españoles y con gran emoción de mi parte me besaron las manos. Allí fue representación del ministro español y esa noche fui gloriada. Luego, el Club Español no ha vuelto a recordarme, cuando precisamente hoy yo me he hecho un nombre y en el Uruguay soy querida. También traje recomendaciones para el presidente del Centro Gallego, y este señor, que debía estar satisfecho teniéndome por compatriota, «jamás» me ha enviado una sola invitación para el centro que preside, donde yo tendría, seguramente, algunos amigos.

¿Esto es partidismo? ¿Es patriotismo? ¿Equivocación? ¿Qué es? ¿Cómo hacen patria en estos centros? ¿Qué exponen al tener estas ideas y cerrar la puerta a las demás?

(Continuará).

*El Día*, Montevideo, 30 de noviembre de 1925.

# Marcha atrás

Cuando vemos que se lucha por hacer retroceder el mundo al pasado, sentimos la desesperación de quien ve a un ciego acercarse al abismo sin que escuche la voz que le advierte el peligro. Los partidos de tradición, las ideas de retroceso, las dictaduras férreas, toda ideología que se afirme en el pasado, para desde allí manejar la vida que es río, ráfaga, nube o relámpago, está contribuyendo a degollar al ser humano, que nace pronto para avanzar y se ve sujeto, contra su deseo, por la argolla afianzada en las tumbas y defendida por bayonetas forjadas en la ignorancia y el poder. El pasado es el orden, dicen los tímidos, los Sancho Panzas, los que desean que los dejen vivir —o mejor dormir...— tranquilos. El pasado es la familia, dicen muchos que ignoran lo que es el verdadero amor a la familia... El pasado es la abundancia, la riqueza, el oro, vociferan los que anhelan el poder económico para ellos, aunque la mayoría perezca de hambre... El pasado es Dios... asustan los que creen en el Dios bíblico dirigiendo ejércitos contra los filisteos y enviando las siete plagas de Egipto, con la crueldad de que aquellas plagas nos sigan atormentando todavía, chupando la poca sangre que aún queda a los desheredados de la Tierra... Y al vocear por el pasado, no miran hacia alrededor para observar que lo inquieto es la belleza del águila, de la golondrina, del agua y de la nube... Y lo estático es la piedra, la ostra, la puerta carcelaria... No observan que no nos puso Dios los ojos en la espalda, para contemplar el ayer, sino bajo la frente para recoger el pensamiento con la mirada hacia el mañana... No tenemos los pies vueltos hacia atrás, sino para adelante, y todo en la vida nos grita de avanzar, de caminar, de averiguar, de comprender. ... Y hay que decirlo, claro y alto, aunque nuestro grito solo sea escuchado como el del ave perdida entre el ramaje del bosque, por aquellos solitarios caminantes atentos a las voces de justicia y de paz. El pasado solo puede servirnos como experiencia, nunca para regresar a él. La humanidad quiere una salida al puerto, no una internación en el desierto y en la oscuridad. ¡Y cuánta no ha sido la culpa de los que tiraron de las cadenas dando marcha atrás! La vida hacia delante, ¡empujando! Las cadenas atrás, ¡reteniendo! Nuestros ojos se detienen ante el panorama del sur del continente, junto a las blancas cordilleras heroicas, junto a los grandes lagos de transparente fondo, y las lágrimas brotan sin remedio. Caen de los ojos que miraban hacia el futuro. Esperábamos con ansiedad los resultados de un parto gigantesco, de un parto que pudo haber traído luz y pan, trabajo y esperanza, independencia y fuerza. Con dolor o sin él, como todos los partos. ¡Pero el hijo de la libertad ha muerto! Y no precisamente de muerte natural. Lo han asesinado los emisarios del pasado. ¡Los que tienen los pies hacia atrás y los ojos en la nuca!

¡Los que tienen los brazos criminales en la espalda, y por eso atacan a traición! Monstruos deformes que tienen el ombligo en la espina dorsal, adornado con una escarapela militar, y usan la palabra «amigo» como la usó

Judas Iscariote... Sigamos mirando hacia el futuro, amigos solitarios que escuchan en el bosque... La solución contra las fuerzas opresoras está en el pensamiento. Como dijimos en el poema, que a petición de algunos lectores, reproducimos a continuación: «Grilletes en los pies, venda en los ojos;/ prohibidas la acción y la palabra;/ en las puertas fortísimos cerrojos/ y castigo ejemplar al que las abra...// No poder expresar con el acento/ lo inmenso de un amor avasallante;/ envejecer el cuerpo macilento/ sin realizar tu anhelo un solo instante...// Todo eso puede, y mucho más, hacerte/ el que sobre tu ser manda e impera;/ ¡siempre sobre la «mano», por más fuerte,/ ha de poder la «garra» de la fiera...!// Porque el cuerpo es esclavo; la materia/ dócil, se dobla al brazo del tirano;/ por eso podredumbres y laceria/ hacen su nido sobre el cuerpo humano...// Mas en esa materia hay un sagrario,/ foco de luz espléndido y divino,/ ¡rayo de sol que cruza temerario/ rasgando las tinieblas del camino...!// Se llama ese sagrario «el pensamiento»,/ que quiere y que aborrece, «el alma», en suma,/ ¡libre como los pájaros y el viento!/ ¡cual se remonta el sol sobre la bruma!// Podrán tu cuerpo aprisionar feroces,/ tu boca amordazar como a las fieras,/ ¡pero no te podrán quitar los goces/ de pensar y adorar lo que tú quieras...!// ¡Bendito sea el pensamiento humano!/ ¡Por los siglos sin fin, bendito sea...!/ ¡Que por encima del déspota inhumano/ el espíritu, libre, vuela y crea...!// Y venciendo crueles opresores,/ inmaculado siempre y siempre fuerte,/ porque le dan más savia los dolores/ y triunfa del martirio y de la muerte,// mientras la «garra» la materia oprime/ y el cerebro con rabia pulveriza,/ para matar la idea que redime/ —vencida la materia en esta liza—,// el pensamiento escapa victorioso/ y de espacios más grandes vuela en pos;/ en un valiente impulso luminoso, / va más alto que el águila... ¡¡hasta Dios!!

*Excelsior,* México, 4 de octubre de 1973.

# ¡Mujeres... mujeres...!

Este año será el Año Internacional de la Mujer y quiero, mejor dicho, debo, escribir sobre este tema, ya que toda mi vida de escritora la he dedicado en gran y muy importante parte a defender toda idea que tienda a la liberación de la mujer, en el sentido económico, político y social. Para mi conciencia de mujer de acción, toda dominación del fuerte contra el débil, toda crueldad, toda injusticia, han merecido la indignación de mi palabra, o la violencia justa de mi pluma. Y tres años en Montevideo, encabezando la oposición al crimen que resultó la muerte de los italianos Sacco y Vanzetti, hablando en todas las tribunas y escribiendo cientos de páginas en la prensa hasta que nos vencieron, lo mismo en los años de la última guerra europea, defendiendo con igual desesperado tesón a los judíos masacrados por los nazis alemanes, que en todos los crímenes, maldades de tiranos y salvajismos de dictadores, jamás me he callado, colocando mi conciencia al lado del vejado y del perseguido. Así también luché siempre por la mujer, a la que consideré desplazada del poder y recluida moralmente por el hombre, sin participación favorable en las leyes, ni en el ordenamiento de una sociedad que solo el hombre dirige y gobierna. ¿En qué consiste la llamada liberación de la mujer? Leíamos en un diario de la tarde unas ideas de la bella actriz regiomontana Irma Lozano, cuando en un reportaje opina que «en el plano nacional, se necesitarían por lo menos cinco años para enseñar a la mujer lo que es la libertad por la que lucha, dado el atraso en el que se encuentra».

Yo creo lo mismo y desearía que se dieran conferencias, que fuesen a los campos visitadoras sociales, que se hablase y escribiese sobre el cambio que la mujer debe adquirir para poder colocarse moral y materialmente en el mismo plano que el hombre de su clase y posición. Ya se sabe que hay hombres incultos y torpes, y esos mismos desdeñan los consejos y las ideas de las mujeres de su hogar, porque son más incultas y tanto como ellos y dicen que son «cosas de mujeres» aún las admoniciones más sensatas e intuitivas que una inteligencia femenina pueda ofrecer espontáneamente.

Veamos una familia de clase media modesta. El padre no asiste a visitas ni tertulias —sobre todo si hay mujeres—, porque no saben de qué hablar y no quieren forzarse. La señora de la casa habla con las de su edad de enfermedades, de nietos o del servicio doméstico. Las muchachas jóvenes comentan entre sí el chisme de los últimos noviazgos, o la operación facial que se ha hecho una amiga que tenía la nariz demasiado larga... Cuando en la tertulia hay jóvenes solteros, también hay de todo entre las chicas: las tímidas, que solo lanzan miradas afectivas o contestan en voz baja los requiebros, o las «liberadas» que acuden a la coquetería para bromear y llevar a los hombres al terreno donde puede brotar un amor sembrado con picardía.

¿Y qué pasará después de contraer matrimonio? Surgirá la «resignada» mujer mexicana, que soporta malas palabras, bofetadas y trasnoches junto a una cuna, en espera del papá juvenil que llega con unas copas de más y que piensa que es muy hombre el estar con la otra, más perfumada y compuesta, que con su mujer que huele a cebolla y a niño, porque no tiene ni tiempo ni dinero para perfumarse antes de que a la madrugada llegue por fin, malhumorado, su dueño y señor... Muchas de estas desventuradas mueren jóvenes de unas patadas o un tiro, como esa pobre niña de 17 años, que leímos en estos días, a quien mató de un pistoletazo en la frente su celoso marido, carnicero de oficio, a los tres meses de matrimonio...

Otra idea que suele tener este macho violento es la de que se es más hombre mientras más hijos procrea, sin recordar que hasta en los animales, los mejores y de más valía, solo tienen de una sola vez una sola cría, como el camello que es en mi tierra el compañero del campesino, cargando pesos increíbles, que lo haría feliz si tuviese dos o tres camellitos de un parto y solo tiene uno, como las vacas, como las yeguas de pura sangre. En cambio, los ratones, las cucarachas y los bichos miserables y malignos —chinches, pulgas, microbios— mirad la abundancia de descendencia con que pueblan los rincones más sucios y repugnantes...

Por regla general, la mujer de clase media y la trabajadora no vuelven a ir a un baile ni a un cine y todo lo soportan hasta que, como la iglesia les dice: «la muerte los separe». Esta infeliz mujer aburre a su marido. No entiende de su trabajo ni de negocio alguno y, cuando el llanto seca sus ojos y el cuerpo se ha deformado con los partos, el hombre puede irse Río Bravo adelante, para buscar trabajo y alguna gringa que lo aleje de su triste hogar... Pero ¿procura la mujer liberarse por medio de conocimientos y trabajo? Hemos oído a muchas, cercano ya su matrimonio, dispuestas a abandonar el empleo en el salón de belleza o en otro lugar cualquiera, «para que el marido la mantenga», como es su obligación, como predica la madre mucho antes de la boda... Así ellas se quedan inermes ante el hombre y hasta para comprarse unas medias tienen que pedirle al marido con el rezongueo consiguiente...

Para ver dónde queda con ciertas costumbres la dignidad de la mujer, tenemos que destacar otras cosas. ¿Qué les parece a las personas morales y sensatas esa idea que no sé de dónde ha llegado, de «los concursos de belleza», en los que se miden pechos y caderas como si las jóvenes fuesen animales en venta, y se pasean casi desnudas frente a los hombres del jurado y se escoge la más... atractiva, para premiarla? ¿Pero qué pueden hacer muchachas de modestas familias, cuando le ofrecen miles de cosas insoñadas, como viajes, películas, fama, dinero?... La culpa no es de ellas, sino de esos espíritus satánicos de comerciantes, que si ya no pueden vender esclavas del África, comercian igual con la carne femenina de la mujer inculta, pobre y, lo que es peor, desamparada de leyes y poderes... ¿Hasta cuándo las autoridades permitirán esa prostitución moral de la mujer, teniéndola así vencida y esclavizada?

¡Deteneos a reflexionar, dirigentes, comisiones y realizadores del Año Internacional de la Mujer! Enseñadle sus derechos y sus deberes. Decidle que el hombre no es un enemigo, sino su amado compañero, y que ella tiene que ser también compañera, amante y amiga, y que ha de comprenderlo y ayudarlo, y que si ella, casada y con hijos, tiene un trabajo digno fuera de su casa, que ayude a otra mujer para la que no llegó la cultura tal vez por su propia diferente mentalidad, pero que cuidará de sus hijos y usted la enseñará a leer y a ser honesta, y regresará usted de su trabajo, comercio, escritorio, banco u oficina y entonces educará a sus niños y se vestirá y se pondrá perfumada y limpia, para que al regreso de su marido encuentre a su mujer atractiva y buena, a sus hijos saludables y alegres, y a sus empleados aprendiendo a vivir, no con jefes violentos y caprichosos, sino como es preciso que sea la familia que vive bajo la mirada de Dios. Comprensiva, misericordiosa y justa. Nada más.

*Excelsior,* México, 13 de febrero de 1975.

# Un príncipe opina (el eterno femenino)

Cuando tenía el alma llena de las clarinadas lanzadas desde el escenario del Teatro Hidalgo por la obra *El eterno femenino*, de Rosario Castellanos, precisamente al día siguiente de este estreno, saltó a mi vista una opinión que un periódico de esta capital recogió de otra publicación. Dicha nota me dejó un rato con el diario en las manos y la mente absorta por el temor de un porvenir oscuro y casi criminal en las conciencias y en las leyes de esa contradictoria Gran Bretaña; porque es el propio príncipe heredero el que opina, ¡y qué opiniones, Dios bendito! Dignas del siglo XIII o de otros anteriores, y que si vinieran aparejadas con otras de diversas cuestiones fundamentales, tal vez en lugar del avance que deseamos para el mundo, la época de las cavernas será una innovación arrastrada hasta nuestros días por herrumbrientas cadenas opresoras... La opinión del príncipe Carlos, según el periódico que la reproduce de una revista inglesa, es esta, más o menos:

«Esas mujeres imbéciles que andan realizando manifestaciones y movimientos a favor de su liberación no desean otra cosa que ser hombres, vivir como hombres, olvidándose de que el verdadero camino de la mujer es el de la maternidad y la educación de sus hijos».

Además se declara contrario al divorcio. Ante esto nos imaginamos un buen número de papanatas que dirán conmovidos: «¡Qué bien! ¡Esta es la verdad! ¡Las mujeres están equivocadas!». Y nosotros pensamos: «Este príncipe ha descubierto de pronto el Mediterráneo».

¿Es que no sabemos todas las mujeres inteligentes (¡perdón por la vanidad!) que defendemos la liberación de la mujer, que la grandeza mayor de ella es la de ser madre? ¿Pero es que ser madre, así, únicamente por el acto físico, es algo que la exalta y la hace ser más extraordinaria que la maternidad de los seres irracionales? Lo importante de la mujer-madre no es el hecho de concebir y dar a luz, sino el de tener en sus manos el alma, la conciencia, la mente de sus hijos y saber educarlos, hacer de ellos ¡no solo machos y hembras, que hasta pueden llegar a una escuela que les enseñe únicamente la forma de ganarse la vida en el porvenir! ¡Esa no es la obra de una mujer-madre, como la deseamos las verdaderas defensoras de esa liberación tan discutida! Si la mujer continúa, en su generalidad, como hasta hoy, los hijos no la mirarán como a la maestra que ha podido formar sus almas, y ante los desmanes de todo género que amenazan a la juventud actual (amor libre, paternidad inconsciente, drogadicción y alcoholismo, etc., etc.), las pobres madres ignorantes quedarán sin más fuerza que la de quejarse y llorar, o tal vez las más modernas exclamar con la inconsciencia de la necedad: «¡Cosas de los muchachos de hoy!».

Cuando no es verdad, cuando conocemos docenas de muchachos, de jóvenes mexicanos, en la peligrosa edad de la adolescencia, educados por madres cultas y por padres responsables, que son modelo de rectitud, de educación y simpatía, con familia y extraños. ¡Eso es lo que queremos! ¡Eso es lo que pedimos! Y ese es el grito de la obra teatral de la tristemente desaparecida Rosario

Castellanos, que en lugar de escribir una farragosa comedia con una mujer desventurada y un marido perverso, nos ofrece una serie de estampas, en las que se nos queda el corazón oprimido al comprobar, una vez más, que la mujer depende del hombre; que no es libre ni aun en los actos más íntimos de su vida, y así, por ejemplo, cuando vemos la escena atroz de las dos mujeres que comercian con sus cuerpos, que hasta para ejercer ese trágico oficio tienen que depender del infame vividor que, mediante la explotación metálica, les permite la colocación en la calle, el lugar desde donde puedan ofrecerse, liberándolas de la intervención de la policía, que también tendrá en cuenta el porcentaje correspondiente... No puedo detallar la obra entera estrenada la otra noche en medio de la mayor expectación —mucho me temo que más por la admirable presentación y el deseo de gozar la conocida ironía de la autora y reír un rato, que por la dolorosa denuncia que el fondo de la obra ofrece— y no puedo detallarla, repito, porque los críticos de teatro, como el inteligentísimo Vicente Leñero y otros estimados compañeros y amigos, han cumplido ya con su labor reseña; pero sí me atrevo, como escritora que se ha pasado la vida viendo obras teatrales en varios continentes de este mundo en que vivimos, a decir que no solamente nos pareció admirable la labor de la siempre magnífica actriz Emma Teresa Armendáriz, sino que al ver a Isabela Corona desempeñando con tanto talento su trabajo, así como sus demás compañeros, comprendimos que México no se estanca en el arte teatral, tan necesario para la cultura y el progreso de los pueblos. De Rafael López Miarnau, quiero decir que en todo lo que realiza pone la nota de la más bella interpretación, porque es el director de la novedad, de la sorpresa dentro de la unificación más pura con el autor y que quiero que mi aplauso más sincero vaya para él por estos cuadros de Rosario Castellanos, verdaderas voces denunciadoras, necesarias para la transformación y progreso de nuestra sociedad. Porque sin la liberación y la educación de la mujer, nuestros países no avanzarán con justicia social. Y nos referimos ahora muy especialmente, para terminar esta nota, al gravísimo problema (que hemos comprobado una vez más en estos días pasados en que salimos de la capital) de la madre soltera. Hemos visto con pena infinidad de muchachas de 14 a 20 años con niños cuyos padres han desaparecido cobardemente. ¿Se ocuparán los juristas de hacer leyes que protejan a esas infelices y castiguen al padre desnaturalizado, mientras la escuela se hace más útil y más fuerte dignificando a la mujer y haciendo al hombre más humano, despojándolo de una falsa idea de «machismo» subdesarrollado?

Bajamos ahora este telón, como el de *El eterno femenino*, gritando con palabras parecidas y unánime ideal: —¡Hay que cambiarlo todo, las costumbres, la indiferencia, las leyes, todo!

*Excelsior,* México, 6 de mayo de 1976.

Este libro,
en segunda edición,
se terminó de imprimir el día
8 de marzo del año 2026,
Día Internacional de la Mujer
y aniversario del nacimiento
de Juana de Ibarbourou.